OKR 这样做才有效

引爆员工自驱力的绩效变革

杨春·著

電子工業出版社
Publishing House of Electronics Industry
北京·BEIJING

图书在版编目（CIP）数据

OKR 这样做才有效：引爆员工自驱力的绩效变革 / 杨春著 . —北京：电子工业出版社，2022.9

ISBN 978-7-121-44192-9

Ⅰ . ① O… Ⅱ . ①杨… Ⅲ . ①企业绩效－研究－中国 Ⅳ . ① F279.23

中国版本图书馆 CIP 数据核字（2022）第 155995 号

书　　名：OKR这样做才有效——引爆员工自驱力的绩效变革
作　　者：杨　春

责任编辑：李　影　liying@phei.com.cn
印　　刷：三河市鑫金马印装有限公司
装　　订：三河市鑫金马印装有限公司
出版发行：电子工业出版社
　　　　　北京市海淀区万寿路173信箱　邮编：100036
开　　本：880×1230　1/32　印张：8　字数：190千字
版　　次：2022年9月第1版
印　　次：2022年9月第1次印刷
定　　价：59.80元

凡所购买电子工业出版社图书有缺损问题，请向购买书店调换。若书店售缺，请与本社发行部联系，联系及邮购电话：（010）88254888，88258888。

质量投诉请发邮件至zlts@phei.com.cn，盗版侵权举报请发邮件至dbqq@phei.com.cn。

本书咨询联系方式：（010）88254210，influence@phei.com.cn，微信号：yingxianglibook。

前言

最近几年，OKR 的热度可以说是越来越高，特别是在 2021 年，OKR 在百度搜索上的搜索热度首次超过了 KPI，这说明想要了解甚至引入 OKR 的企业越来越多了。尽管如此，真正能够成功实施 OKR 的企业还是凤毛麟角，大多数企业在实施 OKR 的时候，依然摆脱不了 KPI，虽然形式上复制了 OKR 的模式，但是骨子里还是 KPI 的思维。还有人高喊着 OKR 要与 KPI 共存，可是该怎么共存呢？没有一个清晰且行之有效的答案。很多人都有一个困惑：为什么总感觉我实施的 OKR 和 KPI 没有什么大的区别，本质上换汤不换药？我亲自查阅了市面上关于 OKR 的各种书籍、视频和相关资料，觉得这些关于 OKR 的讲解和描述并不足以解决大多数人心中的困惑，所以，我下定决心，要写一本书，把 OKR 的原理和本质说清楚，把 OKR 和 KPI 的区别说清楚。

2019 年，我出版了自己的第一本书《当薪酬不再与绩效挂钩》，这本书是我工作 20 年的实践总结。这本书出版后，反响很强烈，引起了很多读者的共鸣，有些读者从网上找到我的联系方式，想要跟我进一步交流。有的读者一边看书，一边在书页的空白处写下自己的心得体会，写得满满当当，然后发微信截图给我看，令我非常感动；还有的读者告诉我，本来只是想睡前翻一翻，结果越看越觉得有共鸣，连夜看完了，第二天一大早就激动地打来电话跟我交流；另外有些读者反映，书里面的精华内容太多了，重点都画满了，已经分不清哪里才是重点；还有的读者是企业的经营者，看完之后，感觉这本书里所描述的实力主义就是他自己一直在努力追求的经营状态，于是让全公司高管人手一本，大家集体学习。这本书的读者不仅有企业的经营者、高管、HR，还有很多咨询机构的同行，他们分别来自人力资源、企业战略、阿米巴经营、股权激励等众多领域，都对这本书的内容表示了极高的兴趣和关注，相约与我进行更加深入的交流和探讨。

在《当薪酬不再与绩效挂钩》这本书里，我对成果主义和实力主义进行了全面的对比，提出要摒弃成果主义，转而实施实力主义的观点，得到了很多读者的高度认同。其实，成果主义在管理方式上对应的就是大多数企业正在广泛使用的 KPI 考核，也是现在绝大多数人理解的“目标管理”方式，我把这种以 KPI 考核为中心的目标管理方式称为目标管理的 1.0 版本。我以前曾经在本田汽车工作了 5 年，在日本战略经营顾问 S.T.M. 集团中国子公司工作过几年，所以对日本企业的经营管理模式有比较深入的研究，其实，绝大多数日本企业已经从目标管理的 1.0 版本进化到了目标管理的 2.0 版本，他们称之为方针管理。方针就是战略的意思，是日本企业常用的说法，如果你平时看日本人写的书籍，会经常看到这个词，比如稻盛和夫先生写的书。方针管理就是战略管理。对

OKR 有一定了解的人应该知道，OKR 是要承接企业战略的，所以方针管理其实就是日本企业的 OKR。你要相信，OKR 不仅仅存在于英特尔或谷歌，真正有价值的东西早就广为流传了，只不过是以不同的名称或不同的形式存在于其他地方。

如果你认真看过彼得•德鲁克写的《管理的实践》这本书，你就会知道，KPI 考核绝对不是德鲁克所倡导的目标管理模式，这是一种典型的误读，是对目标管理的曲解。关于这一点，你现在可能还无法理解，当你看完本书就会彻底明白我所说的话。我从 2004 年开始就接触了 OKR（也就是日本企业所称的方针管理），并且一直在实践中运用。大多数人所了解的 OKR 是 2014 年左右从谷歌传到中国的，而我正好也在 2014 年左右创办了自己的管理咨询公司。公司创办以来，我一直向我的学员企业传授关于方针管理的体系，也帮助很多企业实现了业绩的大幅增长和人才培养。直到有一天，有一位学员在课后悄悄问我："老师，你讲的不就是 OKR 吗？"这个时候，我开始意识到，我应该更改课程的名称了，使用更加符合大众认知的名称，以便于更加广泛地传播，这样可以帮助到更多的人和企业。于是，我在 2020 年成立了方针 OKR 工作室，致力于将以 OKR 为中心的目标管理 2.0 版在中国企业中进行全面的推广。

有句话叫作"不破不立"，想要全面接受新思维，就必须对原来的旧思维进行深刻的反省。想要学习 OKR，必须首先搞清楚 KPI 存在的问题，把这些问题分析透，搞清楚出现这些问题背后的原因是什么。不能因为觉得 KPI 这个工具不好用了，就要换成新的工具；也不能因为 OKR

是潮流，很多大公司都在用，所以你也要用。这样做就是在盲目试错，你所引入的 OKR 就会习惯性地走上 KPI 的老路。

《OKR 这样做才有效》这本书所采取的基本思路与其他同类书籍会有一个根本性的不同。其他书籍一上来就开始介绍 OKR 的各种特点，讲一大堆 OKR 的优势，然后就开始讲解如何制定 OKR 和导入 OKR 的具体步骤，甚至连相关的会议流程和表格都一并提供给读者。这样做看上去非常系统且考虑周到，但是我认为对于学习 OKR 来讲并没有多大的意义。你不能把 OKR 当作 Office 操作技巧那样来学习，**OKR 不仅仅是“术”，它的背后是极其深刻的经营思维和管理思维，它甚至会触及企业的经营理念和价值观**（看完这本书你就会强烈地感受到这一点）。庄子说：“以道驭术，术必成。离道之术，术必衰。”如果你还没有掌握背后的“道”，就开始盲目地模仿“术”，最后等待你的必然是失败。

所以，本书的基本思路是：首先，针对 KPI 考核所出现的各种问题进行深刻分析，我会让大家看到，那些一直困扰你却怎么也解决不了的问题，背后的根源到底是什么。其次，我会从科学的角度向大家解释绩效产生的原理，让你彻底明白，使用 KPI 考核其实并不能真正提高企业的业绩，但是 OKR 却可以。最后，我会给读者讲透 OKR 的一些核心概念和操作要领，例如什么是聚焦、透明和对齐，OKR 如何制定、复盘和考核，等等。可能你认为对 OKR 的基本概念已经有相当的认知了，但相信我，看完本书可能会让你重新审视这个想法。

本书适合哪些人看呢？其实，无论你是初次接触 OKR，还是已经对 OKR 有所了解，这本书都非常适合你。如果你看过《当薪酬不再与绩效挂钩》这本书，你就知道，我的写作风格是非常通俗的，不会摆弄专业术语，也不会纠缠那些空洞的理论，我更喜欢结合工作实际来讲，所以，看懂我的书只需要一些基本的职场阅历即可，你不需要是绩效管理或者是人力资源管理的专业人士。当然，你的工作经历越丰富，就越可能有更加强烈的认同感。这本书的写作基调虽然设定为“大白话”，但是书中所讲述的内容却极为深刻，极有可能颠覆你对 KPI、OKR 和绩效管理的现有认知。

最后一个问题，OKR 适用于哪些行业？可能很多人都知道，OKR 传入中国的源头是谷歌，而且国内早期应用的成功案例也来自互联网或者是科技型企业，例如字节跳动。但是，我可以非常确定地告诉大家，OKR 是没有行业界限的。不论是新兴行业，还是传统行业，都非常适合并且非常有必要学习和运用 OKR，我自己就是首先在传统行业接触和实践 OKR 的，我现在的学员企业中有非常多的传统企业。另外，OKR 对企业规模也没有限制，无论是大型企业，还是中小企业，或者是处于创业期的企业，都可以使用，而且只要方法得当，都可以达到非常理想的效果。

真心希望有更多的人和企业因为本书而受益。

目录

第一章
你所不知道的OKR

从“科学管理”到“目标管理”

可能很多人都知道，OKR 是一个目标管理工具，那我们就从目标管理谈起。在 20 世纪 50 年代之前，还没有目标管理的说法。这个时候的西方世界，有点像我国刚改革开放时的情况，社会需求巨大，几乎所有的产品都是供不应求的。这个时期的企业，主要的任务就是生产，因为只要产品能生产出来就能卖得出去。最典型的企业就是福特汽车。福特汽车 1908 年下线了第一辆 T 型车，这个车设计很简单，但是性价比很高，结果在不到 20 年的时间里，光是这一款车型就生产了 1500 万辆，垄断了美国乃至世界汽车市场。

在这个年代，顾客需求是同质化的，要求都不高，只要“有”就好了。如果你是这个时代的企业主，你会怎么做呢？当然是尽可能快地扩大生产规模。例如，福特就采用了流水线生产的方式。流水线生产有一个重要的前提，就是必须做到工序的高度标准化，因为福特的车型非常少，只有一个车型，所以要做到高度标准化还是有条件的。福特把每一道工序的生产步骤都分解成一个个的动作要素，例如，安上螺母是一个动作要素，拧紧螺母又是另一个动作要素，一个员工可能只负责执行一个动作要素，就这样不断地进行大量重复性的劳动。卓别林的《摩登时代》里面就有大量这样的工作场景。在这样的模式下，训练人才也变得更加容易了：每个人只需要掌握一个动作。管理的重点就很明确了：只要把工作流程、岗位职责和作业标准都界定清楚，并严格按照这些标准对员工进行训练和管控，就能大幅提高企业的产出，从而提高企业的业绩。所以，这个时期的管理，并不是基于目标的管理，而是基于流程和标准的管理。有一位美国管理学家积极地研究和发展了这种管理模式，对当时社会大幅提高生产效率发挥了革命性的作用，这位管理学家就是大名鼎鼎的“科学管理之父”弗雷德里克·泰勒，他在 1911 年出版了他的经典之作《科学管理原理》，这本著作即便放到现在也绝不过时，依然发挥着它不可替代的作用。

随着社会经济的不断向前发展，人们的物质生活水平有了大幅度的提高。慢慢地，市场需求发生了改变，从原来的供不应求变成了供求平衡，有些市场甚至开始出现供过于求。这时，顾客的需求不再是同质化的了，而是慢慢变得多样化和个性化，各种细分行业和细分领域如雨后春笋般涌现，市场竞争也越来越激烈了。产品只要生产出来就能卖出去的日子一去不复返了。企业不能再埋头生产，还必须持续关注和满足顾客不断变化的需求。一味地按照流程和标准来进行管理，这是一种完全僵化和静态的管理思维，在当前这个时代已经行不通了，需要不断地创新。企业要创新，就需要方向和引擎，需要一个管理的工具，不然没人知道到底要往什么方向去创新，也没有人有意愿去创新。就在这个时候，另一位伟大的管理学家站上了历史舞台，他就是“现代管理学之父”彼得·德鲁克。彼得·德鲁克在 1954 年出版了他的著作《管理的实践》，提出了目标管理的概念。目标管理理论的提出是德鲁克对管理学界的一个伟大贡献，美国前总统布什在把 2002 年度的“总统自由勋章”授予彼得·德鲁克时，指出他的三大贡献之一就是提出了目标管理理论。

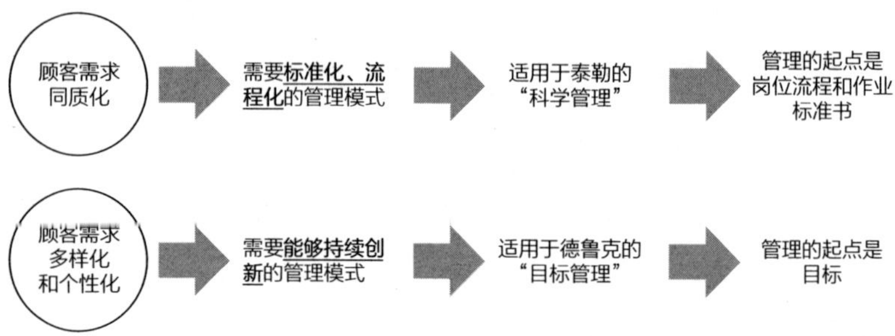

德鲁克认为，并不是有了工作才有目标，而是有了目标才能确定每个人的工作，因而“企业的使命和任务，必须转化为目标”，如果一个领域没有目标，这个领域的工作必然被忽视。在“科学管理”的思维下，员工的工作来自工作流程和作业标准，而在“目标管理”的思维下，员

工的工作主要来自目标的牵引。

从我们现在的角度来看，科学管理和目标管理的思维都是正确的。因为，在我们的工作中，的确存在两种不同类型的工作：第一类是例行性工作，既然已经都是“例行”了，说明这一类工作都是相对固化和标准化的，所以这一类工作应当采用科学管理的思维；第二类是创新型工作，这一类工作是以前没有做过的，自然就没有固化的标准，员工的行动是被目标牵引的。说得再直白一点，你设定什么样的目标，员工就会朝着这个目标行动。这就是所谓的目标管理。

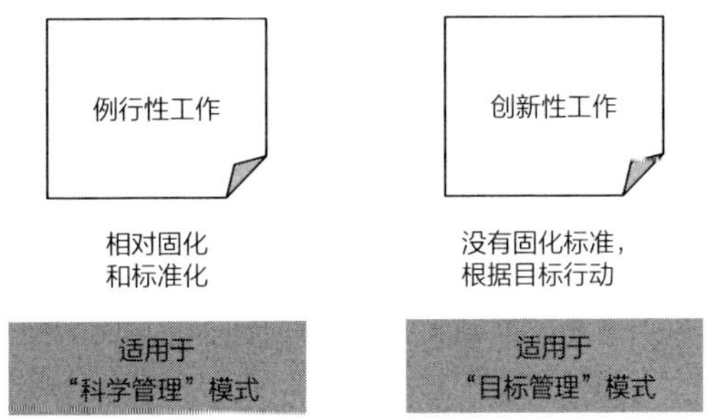

KPI 考核的 6 大难题

但是，比较遗憾的是，彼得·德鲁克只是提出了这个方向和概念，并没有阐述一个完整的实施目标管理的系统，所以大家只能根据自己的理解来设计实施目标管理的具体细则和工具。首先冒出来的工具就是 KPI。KPI 的全称是 Key Performance Indicator，中文翻译过来就是关键绩效指标。我相信绝大多数人都知道 KPI，即便还没有使用过，肯定也听说过它的大名。通常来讲，KPI 并不是单独出现的，我们使用 KPI，是把它和绩效考核绑定在一起的，具体使用方法：给每个组织和个人都设置 KPI，根据组织和个人完成 KPI 的情况来进行绩效考核，考核结果与相关负责人的收入挂钩。这种方式的基本思路就是紧盯结果，通过利益驱动，寄希望于员工发挥主观能动性来达成目标。这就是典型的“成果主义”的思维方式，我把它称为目标管理的 1.0 版本。我认真阅读过彼得·德鲁克的著作《管理的实践》，可以非常肯定地说，这种 KPI 考核的模式肯定不是他所主张的目标管理。但是这种模式为什么那么流行呢？当然也是有原因的。首先，这种做法是一种习惯性思维的产物，一说起“目标”，大家本能地就会联想到考核。所以，KPI 考核的模式在理解上没有什么难度，普及起来非常迅速；其次，这种做法简单、容易操作，基本不需要复杂的培训，几乎每家企业都能快速上手。所以，在过去很长一段时间之内，基于 KPI 考核的“目标管理”深入人心，很多企业也依靠这种做法取得了快速的发展。

但是，KPI 虽然简单、容易上手，但是也带来了很多解决不了的难题。我随便说几条，你看看在你的企业里面是否存在。

第一，很多工作难以量化，不能做到客观考核。KPI 既然是用结果来考核员工，那这个结果最好能量化，否则就不客观，容易引起争议。但问题就是，企业里面恰恰有很多工作都是很难量化的。

第二，KPI 的目标值很难定准确，常常与实际有很大偏差。目标定多少，很难达成一致。目标定高了，员工不干；目标定低了，老板不愿意。所以，大家都在想能不能定出一个准确的目标来呢？大家都在找答案，可是没有一个人找到。

第三，考核的工作量很大，难以操作。有些企业觉得自己做不专业，花了上百万元咨询费引进咨询公司帮它们做绩效考核制度，结果这些咨询公司大多都是理论派，做出来的考核制度非常复杂，当然咨询公司也有理由：如果想要严谨客观地进行考核，复杂是必需的。结果，搞得考核指标满天飞，理论听起来很严谨，但是工作量太大了，没办法执行下去。

第四，员工的绩效还可以，但是企业的绩效却不行。这个问题也有很多企业存在。很多人简单地认为，只要大多数员工绩效好，企业的绩效就会好。这是一个误区，其实，员工的绩效和企业的绩效不是一回事。我们当然要追求企业整体的绩效，而用 KPI 就很难达到这个目的。

第五，员工对绩效考核很排斥，有很大抱怨。这个就不用多说了，没有几个员工喜欢被考核，人都不喜欢在压力下工作。更何况，考核结果还要跟收入挂钩，这本来就很容易造成争议和抱怨。

第六，员工为了个人利益伤害客户和企业的利益。这个问题也是屡见不鲜。企业的机制就是只要结果好，就给员工奖励，那员工自然就是不择手段了。这不仅会影响企业的利益，还会影响企业的文化。成果主义本身就是一种价值观。所以，企业 KPI 考核实施得越彻底，文化氛围就会越浮躁，员工流失率也会很大。

以上这些问题，只要是实施 KPI 考核的企业，基本上都会遇到。这些问题怎么解决？看完本书你就能找到答案。其实，只要你掌握了 OKR，这些问题自然就都迎刃而解了。

前面我讲了，KPI 是成果主义的思维，既然是成果主义，自然而然对于过程的重视就不足，对于过程缺乏研究改进，所以 KPI 考核的这种模式是比较粗放的。如果企业所面临的外部市场环境很景气，那你会觉得好像也没有什么问题，反正企业的业绩每年都在增长。你产生了一个错觉，觉得企业业绩每年增长，就是因为采用 KPI 考核产生的效果，所以，你会忽略 KPI 考核存在的问题。你会认为，虽然这种模式有缺陷，但是毕竟还能让企业保持增长，所以能接受。其实你不知道的是，企业每年的业绩增长来自市场本身的增长，并不是实施 KPI 考核所带来的效果。不然，为什么有些企业以前年年都是高增长，最近几年却增长不动了？它们从过去到现在一直都在实施 KPI 考核，为什么过去有效，现在却没效了？答案是过去的市场环境好，而现在没那么好了，真正影响企业业绩的不是 KPI 考核，而是市场的景气度。当然，我为什么敢断言 KPI 考核跟企业的业绩增长没有关系，因为这里面是有科学依据的，我会在后面讲到。

大家也知道，现在国家在进行经济结构转型，要从过去追求“数量”转向追求“质量”，这就意味着，未来中国 GDP 的增长率会放缓，市场上的机会会减少，企业之间要开始比拼发展的质量，这个时候，过去粗放的发展模式就行不通了。在这种形势下，目标管理的 1.0 版就需要进化了，因此出现了目标管理的 2.0 版，这就是最近几年大火的 OKR。OKR 之所以适用于当下和未来的市场与经济环境，就是因为 OKR 跟 KPI 在价值取向上是完全不同的，KPI 是以结果为导向的，而 OKR 是以过程改进为导向的。后者更能适应未来中国追求高质量发展的方向。

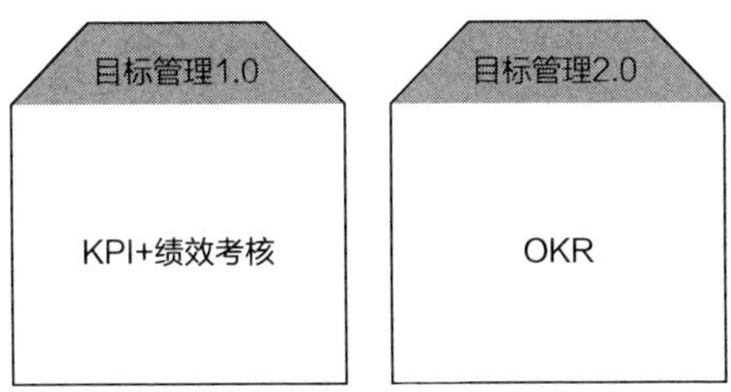

用 OKR 改进销售过程

我们来初步认识一下 OKR。OKR 的全称是 Objectives and Key Results，中文翻译过来叫作“目标与关键结果”。OKR 分成两个部分：O 和 KR。O 是目标，KR 是关键结果。我们可以看下面这个案例：

O	严格控制饮食
KR	KR1：卡路里摄取量不超过 × × 千卡/天 KR2：糖分摄取量不超过 × × 克/天 KR3：盐分摄取量不超过 × × 克/天

O 表达的是“我想做什么改进”，请注意我的措辞，我用的是“改进”这个词。O 既然是目标，那一定是某种有挑战性、有创造性的事情，而不是一件很平常的事情。所以，只要你采用了 OKR，就会直接牵引你去改进工作，而 KPI 没有这个功能。

在这个案例里面，O 是“严格控制饮食”，O 的下面是 KR，KR 是用来对 O 进行描述的，它表达的是“如何衡量你是否完成了这个改进”，例如，你的目标是“严格控制饮食”，那怎么衡量你到底有没有做到呢？

那就要看 KR。例如，KR 是卡路里摄取量不超过 ×× 千卡 / 天，糖分摄入量不超过 ×× 克 / 天，盐分摄入量不超过 ×× 克 / 天。如果这些都做到了，就说明目标实现了。不知道大家有没有注意到 OKR 的一些特点：O 是没有量化的，而 KR 是需要量化的，而且同一个 O，可以有多个 KR。

你能从上面这个例子看出 KPI 和 OKR 之间的差异吗？大多数人可能会觉得，不就是表达形式上有些不同吗？有那么大的差异吗？但就是表达形式上的一点儿差异，带来了整个思维上的全方位不同。大家看，KPI 关注的是“结果有没有拿到”，而 OKR 关注的是“某项改进有没有完成”，你说是不是有本质性的不同？前者关注的是结果，后者关注的是过程改进，关注点完全不一样。你要是彻底理解了这个差异，你的 OKR 就不可能做成 KPI 的样子。

接下来我用一个案例让大家看得更清楚一些。

比如，销售人员的 KPI 可能是实现销售额 100 万元，而如果用 OKR 可能是这样的：O 是成功签单 A 客户，KR 是实现销售额 100 万元。这个 KPI 和 OKR 从要实现的销售额数值上来说，是完全一样的，都是 100 万元。但是我告诉你，在实施的时候，它们有本质性的差别。

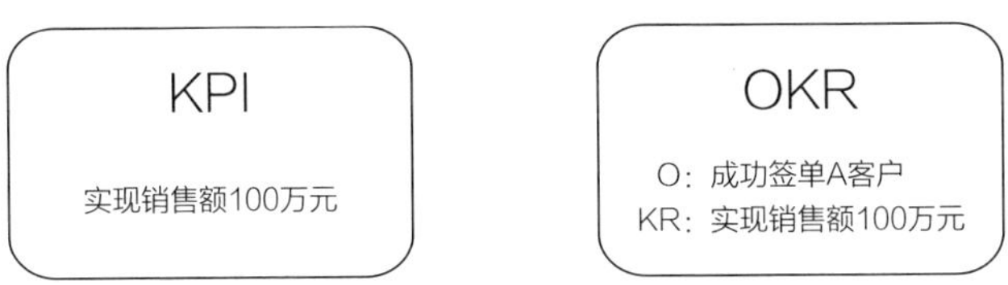

我们先看 KPI，如果你是销售人员，为了完成这 100 万元的销售额，你会首先去攻 A 客户，但是可能 A 客户很困难，攻不下来，这个时候你就会去找 B 客户，但是可能 B 客户也很难攻下来，然后你就会再去找 C 客户，以此类推，直到找到你能攻下来的客户，完成这 100 万元的业绩目标。在过去，市场环境很好，A 客户不买，B 客户可能会买，B 客户不买，C 客户也可能会买，总之，你能找到客户最终完成这 100 万元的业绩目标。但是，随着市场竞争越来越大，客户也越来越成熟，你想要找到新客户的难度也越来越大，成本也越来越高，最终，你实现这 100 万元业绩目标的难度也越来越大了。大家想想看，现在很多企业是不是面临这样的情况？特别是一些传统行业的企业，更是如此。所以，在这个时候，就需要 OKR 出场了。

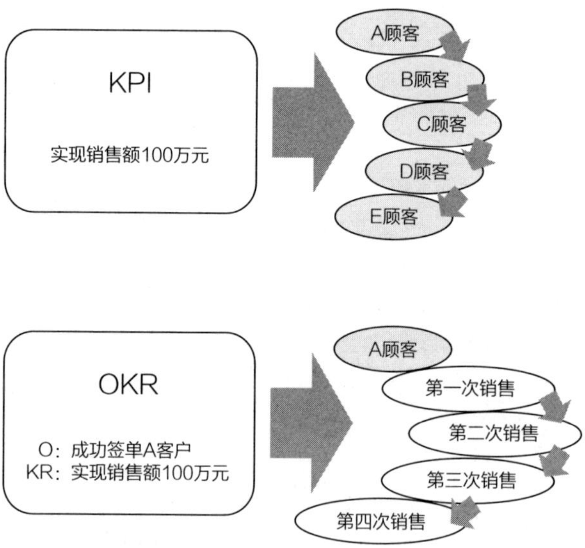

大家看上面这个 OKR。因为我的 O 是成功签单 A 客户，所以我没有选择，必须通过签单 A 客户来获取这 100 万元的业绩。如果我是销售人员，我会首先向 A 客户进行第一次销售，有可能直接就销售成功了，当然也有可能不成功，那我接下来怎么办呢？我就要进行总结和复盘——第一次销售为什么不成功呢？卡在哪里了呢？下次该怎么改进呢？想好之后，我就对 A 客户进行第二次销售，结果可能还是不成功，于是我继续总结复盘，然后再进行第三次销售，最终，我成功地让 A 客户签单 100 万元。

从这个案例大家可以看到，OKR 相比 KPI，最大的优势就是它能聚焦在一件事情上，持续地去实施，反复改进，最终达成目标。大家想想看，在实施 OKR 的过程中，员工的能力有没有提升呢？一定是有很大提升的，对不对？但是 KPI 呢，可能也会有一些提升，但是恐怕少一些，对吧？所以，有了 OKR，员工的能力培养就有了抓手。

我们前面说 KPI 是重视结果的，但是 OKR 是重视过程改进的，为什么这么说呢？大家想想看，在 KPI 模式下，如果销售人员发现 A 客户很难销售，就会跑去找 B 客户，这样 A 客户还能被攻下来的机会就很小了，对企业来说，A 客户很可能就此流失了。而且，这个销售人员还会跑回公司跟老板说："A 客户没有需求，不会买我们的产品。"如果你是老板，你信还是不信？如果光看结果，好像 A 客户的确是没有签单，但问题是，有没有可能是销售人员的销售方式不对呢？所以，你不能只看结果，必须深入到销售的过程里面去，才能真正搞清楚，到底是 A 客户没有需求，还是销售人员的销售方式有问题。在这里，我可以直接告诉你我的经验：99% 的可能性是销售人员的销售方式有问题。所以，如果不去研究销售过程，销售人员就失去了成长的机会，企业也失去了与 A 客户成交的机会。

当你去看销售过程的时候会发现，不是 A 客户不买，而是 A 客户对于购买我们的产品存在各种认知上的阻碍，这些阻碍的形成可能有很多种原因，比如可能是 A 客户对于销售人员不信任、没有搞清楚我们产品的卖点、嫌价格贵，等等。总之，如果你想要让 A 客户成交，就必须一个一个解决这些阻碍，而解决这些阻碍的过程，我们可以理解为“销售过程改进”。所以大家应该明白了，OKR 最大的作用就是聚焦，聚焦了之后，就可以对过程进行持续地改进。过程改进了，结果才会越来越好啊。

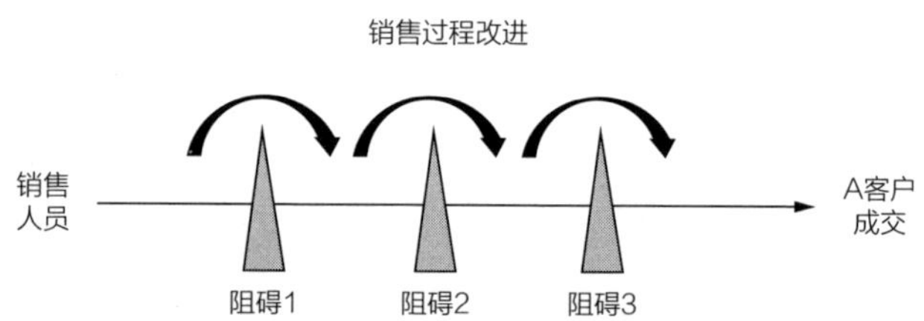

过程改进

以上是销售领域的例子，在其他领域也是一样的，例如生产、品质、服务、技术、运营、企划、财务、人力资源等。这些领域，可能以前我们也是设 KPI 的，但是你要知道，过去的市场需求很旺盛，顾客的要求也没有那么高。所以，我们只要能够达到一个普通目标就可以了，而这个普通的目标，大多数企业都能做到。但是，当顾客越来越成熟的时候，就会向企业提出越来越高的要求，同时，企业还要面临别的企业的竞争，这个时候，仅仅实现一个普通的目标就不够了，要实现越来越高的目标。要实现高目标，不是那么容易的，会遇到一个又一个阻碍，所以，通过 OKR 把我们的工作聚焦，通过持续的努力，把这些阻碍一个个都解决掉，实现过程改进，最终达成高目标。

关于 OKR 和 KPI 的区别，我总结一下。OKR 相比 KPI 最大的好处就是：**聚焦于具体的工作过程，持续改进，最终实现高目标**。所以，不用再问我 OKR 适用于哪些行业，**无论你是新兴行业，还是传统行业，就问你的企业需不需要改进，需不需要创新，如果需要，那就赶快拥抱 OKR 吧**。

第二章
制定绩效目标的困境

“跳一跳，能够着”是不是好目标？

我们用 KPI 做绩效考核的时候，一定会遇到目标难定的问题。很多企业，每年年初的时候都要花很长时间来定年度目标，因为这个目标是跟员工的收入挂钩的，定得太高，员工肯定不干，但是如果定得太低，老板也不愿意。所以，这个目标到底该定多少，通常是需要反复讨价还价，才能最终确定下来的。但是大家想想看，我们花那么多时间来定目标，真的有价值吗？难道你定的目标越准确，企业的业绩就会越好吗？当然不可能了。我们花那么多时间去定目标，无非就是想要找到一个老板和员工双方都没有意见的平衡点而已，但是找到这个平衡点，跟你能不能达成它，根本就是两回事。那么，我们先说说，目标到底能不能定准确？

有人说，准确的目标就是“跳一跳，能够着”。这种说法很常见，但是太抽象了，你能衡量“跳一跳，能够着”是多少吗？我们以销售额目标为例。比如，今年的目标可以在去年的基础上增长 5%～10%，这就叫作“跳一跳，能够着”。但是，你有没有想过，如果你每年都是这样来设定目标，就相当于认定了企业和员工的能力只能缓慢增长，你要是老板，真的接受这样的缓慢增长吗？假如，在这个期间，你的竞争对手都是以每年 20% 的速度增长呢？你着不着急？所以，不要盲目相信一些习以为常的说法和理论，我们要学会从实践中学习，从实践中反省，不要人云亦云。我还是相信那句话："实践是检验真理的唯一标准。"真正正确的理论一定能够在实践中获得验证。

我们再看，如果你设定目标的依据是"跳一跳，能够着"的话，那在设定这个目标的时候要不要考虑外部市场的情况呢？我举个例子，如果年初我预测今年外部市场总规模增长 20%，那我今年的目标设定就要同时考虑两个方面，首先是市场增长部分的 20%，再加上员工努力部分的 5%～10%，总的目标就是增长 25%～30%，那这样的目标员工会认可吗？

预测	目标算法				目标
外部市场增长20%	市场增长部分（20%）	+	员工努力部分（5%～10%）	→	增长（25%～30%）

好，如果你说，我能说服员工认可这样的目标。那我们接着看下面这个，如果我预测今年外部市场的总规模萎缩 20% 呢？那就是 –20% 加上员工努力的 5%～10%，最后设定出来的年度目标就是比上年度下降 15%～10%。

预测	目标算法				目标
外部市场下滑20%	市场增长部分（–20%）	+	员工努力部分（5%～10%）	→	增长（–15%～–10%）

你确定你会设定这样的目标吗？如果你不甘就此堕落，非要设定一个增长的目标，那员工能接受吗？外部市场大幅增长的时候，你要求业绩更大幅度地增长；外部市场大幅萎缩的时候，你还要求业绩增长，你的标准如此不统一，你让员工如何接受？这公平吗？那么是不是真的应该设定一个负增长的业绩目标呢？你别说，我还真见过逐年降低的业绩目标。可能有人会说，市场环境不好，也没办法呀。是这样的吗？那有没有可能在这样的市场环境下，你的竞争对手却逆势增长了 10%～20% 呢？而你的业绩目标却是负增长，你连目标都不敢设高一些，你又凭什么实现好的业绩呢？那样的话，企业的发展就只能听天由命了。

案例：D 公司的目标为何定不准？

还有一种情况，可能更令你尴尬：如果年初你预测外部市场有可能增长 20%，但是实际结果却是外部市场下滑了 20%，那你年初定的目标怎么办？还算不算数？要知道，这些目标可是跟员工的收入挂钩的。我看你很难办了吧。这种情况会发生吗？当然会，例如疫情暴发、国家政策调整、国际形势变化等，都有可能造成市场出现大幅波动。

下面介绍我们的一个学员企业发生的真实案例。这家企业是做跨境电商的，我称之为 D 公司吧。2020 年年初，D 公司制定的年度销售额目标是 2 亿元。结果，没想到当年跨境电商很火，过了半年就实现了 2.2 亿元销售额，这个时候老板就想了，明显目标设定得太低了嘛，这太不合理了。于是就要求重新调整年度目标，员工当然不乐意了，结果双方讨价还价，最后把年度目标调整为 3.5 亿元。结果到了年终，D 公司最终实现了 5 亿元的业绩，超额完成了业绩目标。员工非常开心，个个年终奖拿到手软。老板呢？也很满意，毕竟业绩大幅提高了嘛。

好了，到了 2021 年年初，老板决定吸取上一年的教训——在制定目标上不能太保守。去年的高业绩让大家都信心满满，老板提出要挑战高目标，最后大家一讨论，决定年度目标设定为 7 亿元。结果，到了半年的时候，发现才做了 2.5 亿元，离 7 亿元的目标还有点远。这个时候，士气就变得有些低落了，因为如果不能达成年度目标，大家的奖金就会大幅萎缩，甚至变成0。老板也有点沉不住气了，他也怕万一业绩不好，人心不稳，带来大面积离职，那不就得不偿失了嘛。怎么办？只有再次调整目标。然后，大家开会讨论，分析各种宏观形势，最后确定下来，目标修订为 6 亿元。结果，2021 年的形势没有想象中那么好，到了年底，D 公司只实现了 5.5 亿元的业绩。结果很多人的奖金都比上一年萎缩了不少，员工个个怨声载道，老板也不开心，因为为了尽可能达成年度业绩目标，D 公司花出去不少广告费和营销费用，结果 2021 年公司反而亏了几千万元，把 2020 年的盈利全部吐出去了。可以说是赔了夫人又折兵。

大家想想看，这样的目标设定，真的有意义吗？未来，员工对于目标还有敬畏之心吗？还会把目标当回事吗？你有没有想过，你定目标的目的到底是什么？是为了用来考核员工吗？可是这样的考核真的激励到员工吗？从实际的结果来看，不仅没有激励到员工，反而把老板搞得处处被动。羊肉没吃到，反而惹得一身骚。这样的绩效考核，没有不是更好吗？

看完这个案例，我们还是回到前面那个问题：目标如何才能定得准？答案是：目标是定不准的。这个答案可不是我一个人的意思。彼得·德鲁克早就下了结论。

> 绝大多数关于目标管理的讨论都谈到寻找一个正确的目标。但是这种做法不仅会像寻找点金石一样徒劳无功，而且必然有害无益，误导方向。
>
> ——（美）彼得·德鲁克著 《管理的实践》

所以，管理学大师早就告诉我们了，根本没有所谓正确的目标，你不用找了，找一辈子也不可能找得到。所以，不要再徒劳无功。

但是，为什么还有那么多人依然在孜孜不倦地寻找准确的目标呢？原因只有一个，因为你要用这个目标来做绩效考核，而这个目标跟员工的收入息息相关，所以你才会有这样的困扰。但是反过来，如果你不把目标跟员工的收入关联起来，那就不需要再去寻找准确的目标了。就这一点来说，如果你使用 OKR，就可以完美地解决这个问题。对 OKR 有一定了解的人都应该知道，OKR 是不会简单地用结果来做绩效考核的。这里面的原理是什么？我在后面给大家详细讲。

目标不是用来考核的

那这里就要思考一个问题：既然目标不可能定得准确，那我们还要设定目标吗？答案是肯定的，当然需要，不然还怎么称得上是目标管理呢？关键是要看定目标来干什么，也就是你设定目标的目的是什么？如果你使用目标来考核员工，那你一定就会纠结：如果目标定低了，企业就有可能失去快速发展的机会；如果目标定高了，员工的积极性就有可能被打击。所以，在这样的纠结之下，你一定会祈求上苍，赐予你一个准确的目标，好让你能轻松地进行考核。当然，没有这样的好事，因为你所追求的东西根本不存在。大家必须记住，**目标不是用来考核的**。那目标到底是用来干什么的呢？**目标是用来确定改进程度和努力程度的**。比如，设定高目标，说明我要做出的改进很大，所以我要付出的努力必然也会很多。如果设定中等的目标，就说明我要做出的改进是中等程度的，因此我需要付出的努力也是中等程度的。如果设定的是较低的目标，那就说明我要做出的改进是比较小的，所以我付出的努力也是相对较少的。

高目标	中目标	低目标
改进大、努力多	改进中、努力中	改进小、努力少

设定目标的目的就是用来明确这个的。那我怎么知道到底应该设定高目标、中目标还是低目标呢？这个并不是依靠我们的激情和冲动来设定的，而是需要进行两个判断：

第一，我要看看，在我的企业里面能够找到多大的改进空间。还是以销售额目标为例，以前我的企业都是拼命地开发新顾客，现在开发新顾客的成本越来越高，所以销售额有点增长不动了。但是我发现，老顾客的数量已经足够多了，为什么不在老顾客身上下功夫呢？然后，我再盘点一下我的老顾客，发现其实有好多老顾客都是有需求的，而且很多老顾客跟我的客情关系还不错。我大概梳理了一下，预计这里面至少可以产出 1 亿元的销售额，那么这 1 亿元就是我所说的改进空间。你可以根据这个数字来确定你的目标。

第二，看看自己的企业有多大能力和多少资源，能匹配多大程度的改进。比如，要实现第一点所说的改进空间，可能需要投入相应的人力、技术、设备、资本等，那么这些资源企业有没有，或者说能不能在短期内解决？如果说空间有 1 亿元，但是我的能力和资源只能匹配 5000 万元，那你也只能根据 5000 万元来设定目标。

以上两点，如果企业做过深刻的思考，那么定出相对合理的业绩目标就不是难事。而且，这样的目标就算最终没有达成，也没有关系，重要的是我们是不是朝着这个目标努力了，如果已经足够努力了，还是没有达成目标，那就没有什么好后悔的了。但是，根据我的经验，真正认真思考过以上两点的企业其实非常少，大多数企业在制定年度计划的时候没有做过深刻的现状分析，它们把大量的时间都花在决定选择什么 KPI 和要设定的数值大小上，从一开始就走在了错误的道路上。以上两点思考有多重要呢？可以这么说，如果这两个问题你没有认真思考，你要导入 OKR，注定会是失败的。以上两点不是别的，正是企业的战略。关于战略和 OKR 的关系，我们在后面还会有专门的讲解，这里先不多说。

最后，我稍作总结。企业之所以追求准确的目标，就是为了用于考核。但是，所谓准确的目标根本没有，其实这也从侧面告诉你一个事实：不要试图用结果来考核员工，因为这样的考核首先就不可能客观准确，另外对提高绩效也不可能有太大的帮助，只会制造负面情绪。目标是一定要设定的，这毫无疑问。但是，目标只是用来牵引我们行动的工具，它不是用来考核的。

第三章
绩效考核的陷阱

案例：一个矛盾的调查结果

我以前在线下上课的时候喜欢在课堂上做一个调查，这个调查包含三个问题。

第一个问题是：你的企业曾经做过或者现在做绩效考核吗？每当我问这个问题的时候，现场通常会有超过一半的人举手，说明很多企业在绩效考核上是有过实践的。还有一小半没有举手的，他们的企业从来没有做过绩效考核，原因我估计是还没有想清楚，对于绩效考核还有些顾虑，担心会出现一些副作用。

第二个问题是：你觉得绩效考核重要吗？这个时候几乎所有的人都会举手，大家对于这个问题的反应属于条件反射，不管有没有做过绩效考核，潜意识里都觉得绩效考核很重要。如果谁觉得不重要，那一定是个异类，所有人都会向他投去异样的眼神，好像在嘲笑他太不专业了。

第三个问题是：如果让你在绩效考核上付出大量的时间和精力，你觉得值得吗？这个时候，诡异的情况出现了，几乎没有几个人举手。也就是说，几乎所有人都认为绩效考核很重要，却没几个人愿意在这项工作上付出太多的时间和精力。这说明了什么呢？

我们需要搞清楚一个问题：到底为什么要做绩效考核？我给大家两个选项：第一，为了提高企业的业绩；第二，为了区分员工的贡献，合理地给予员工报酬。你认为应该是哪个呢？我猜绝大多数人会两项都选。因为，在大家脑子里，根本没有认真思考过这个问题，当然，这也是为什么绝大多数企业都被绩效考核搞得焦头烂额的原因。你想知道我的答案是什么吗？我的答案可能会让你大跌眼镜：这两个目的都不对。别急，接下来我会带你一起来看清真相。我先给大家分析第一个目的。

你想想看，绩效考核真的能提高企业的业绩吗？如果真的能提高企业的业绩，为什么我做课堂调查的时候，问大家是否愿意在绩效考核上付出大量的时间和精力，却没有几个人举手？这个现象只说明了一个问题：在绝大多数企业的实践中，绩效考核只是一种给员工打分的制度，并不能直接影响企业的业绩。所以，大家不举手很正常。毕竟，没有几个人愿意把时间和精力花在不产生多少价值的地方。

我们为什么认为做绩效考核可以提高绩效呢？那是因为在我们的脑子里有这样一个逻辑链条：有了考核，员工才会有动力；员工有了动力，业绩才能有保证。听起来似乎是非常有道理的，但是很可惜的是，这个逻辑链条是完全错误的。

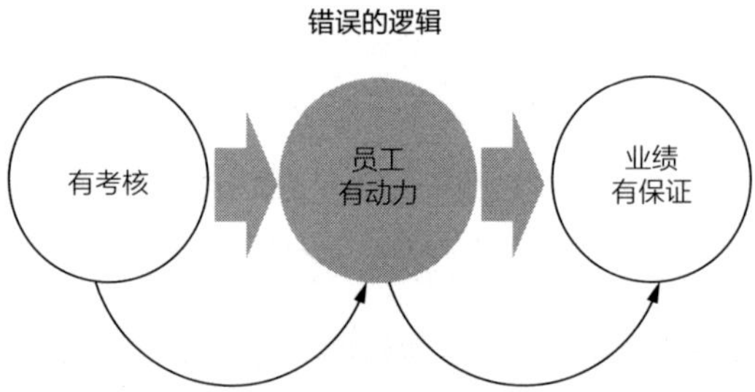

我们不妨来推敲一下，这个链条里面有两个逻辑，第一个逻辑是：有了考核，员工才会有动力；第二个逻辑是：员工有了动力，业绩才能有保证。大家不妨开动脑筋想一想，你认为这两个逻辑里面哪个逻辑有问题呢？其实，我告诉大家，这两个逻辑都是有问题的。

我们先来看第一个逻辑。有了考核，员工才会有动力吗？根据你的感觉，企业里面绩效考核抓得越严格的时候，员工的抱怨是多了还是少了？是多了，对不对？原因很简单，你老要考核他，谁喜欢被人考核？而且只要有考核，人就一定会分出三六九等，要是每次考核都是优秀那还好，只要有一次考核结果不如人意，员工的士气就会立刻被打击。员工被打击了士气，你说还会有动力吗？而且，这个逻辑还可以反过来看：没有考核，员工就不会有动力吗？难道工作有动力的人背后都是有绩效考核在推动吗？大家看看那些玩网游和手游的人，每天废寝忘食，是有人在考核他们吗？当然没有。那他们为什么有那么强的动力？答案就两个字：兴趣。所以，**不是有了考核，员工才会有动力，而是如果工作能够让员工感觉到有兴趣，员工就会有动力**。大家想想看，是不是这个理儿？说到这里，很多人脑子里可能会冒出一个问题：虽然道理没错，但是工作本身就是很枯燥的呀，工作不可能跟游戏相比，肯定没有游戏好玩啊。我想说，那只是你的一个误区。大家想想看，如果你是领导，当你和员工探讨工作的时候，你可以只跟他谈论工作的结果，比如，你就问他业绩完成了没有，还差多少？什么时候能完成？你觉得他烦不烦？但是，如果探讨的是工作的过程呢？比如跟员工探讨某项工作中的难题该怎么解决，该怎么分析原因，该怎么寻找对策，不断地启发他的思维，你觉得员工会不会有兴趣呢？所以，大家请记住，谈论过程，员工才会有兴趣，通过努力改进过程，员工才会有成就感。因此，工作必须让员工觉得有兴趣、有成就感，**工作的兴趣和成就感就是最有效的激励**。我说的这些跟你做 KPI 还是 OKR 有没有关系呢？当然有。我在前面讲过了，KPI 是只关注结果的，而 OKR 是关注过程改进的。所以，想让员工对工作感兴趣，产生成就感，OKR 就是一个最好的工具。

第一个逻辑是完全站不住脚的。我们再看第二个逻辑：员工有了动力，业绩才会有保证。这个逻辑对吗？当然也是错误的。员工有了动力，业绩就会有保证吗？当然不能。大家想想，每年出来创业的人多不多？这里面有多少人都创业失败了？你认为那些创业失败的人都是因为没有动力吗？恰恰相反，他们每个人都是怀揣着激情和梦想出来创业的。但是创业要成功，光有激情和梦想是不够的，最起码你还要有一定的能力。所以，第二个逻辑也是不对的。

既然这两个逻辑都是错误的，那你想通过绩效考核来提高企业业绩的做法显然就行不通了。

绩效考核无法提升绩效

我们不妨来做一个大胆的思考：企业能不能没有绩效考核？我猜，即便到目前为止，还是没有几个人敢说“能”。其实，大家想想看，那些真正优秀的企业，国内的也好，国外的也好，它们在业绩上所取得的重大成果，真的都是因为它们的绩效考核做得好吗？环顾一下你所在企业的员工，那些业绩优秀的员工真的是被考核出来的吗？大家记住一个结论：**绩效考核不会提升绩效**。我之所以讲这个话，背后是有科学原理支撑的，不是随口说的。这个原理我在后面会给大家详细讲解。所以，绩效考核远没有你想象得那么重要。PDCA 循环的推广者、著名质量管理专家戴明就认为：企业应该全面取消绩效考核。当然，我没有想让大家现在就取消绩效考核的意思，因为毕竟每个企业的现状不同，不能简单粗暴地采取休克式的疗法。但是，大家听到这里，一定要树立一个观念，就是不要对绩效考核抱有过分的期待，因为绩效考核不能提高企业的绩效。你只有认识到这一点，才能真正拥抱 OKR。否则，即便你实施了 OKR，也会纠结于“如何进行绩效考核”而不能自拔，最终又走上了 KPI 的老路。

我再来给大家举一个例子：如果你家里有小孩，他的学习成绩一般，你会采用什么办法来提高他的学习成绩呢？有两个选项：第一，对他进行绩效考核并根据成绩好坏进行奖惩；第二，找优秀的老师来辅导和训练他。我想绝大多数人都会选择第二个选项。不然，为什么这些年课外辅导这么火？以至于国家需要通过政策来干预。说明家长们都很理智，知道如果想要提高小孩的成绩，就必须训练他、培养他。但是当我们在企业里面对员工的时候，却几乎清一色地选择了第一个选项，对第二个选项选择性失明。我们就这么天真固执地认为，只要考核员工，就会有结果，就会有绩效。想想看，如果你对你的小孩应用第一个选项来考核他，最后会是什么结果？依然给大家两个选项：第一，他对学习产生了浓厚的兴趣；第二，他逐渐丧失了对学习的兴趣，甚至对学习感到厌恶。你认为最后的结果会是什么呢？大概率是第二个，对不对？在你的企业里，是不是也有类似的情况呢？员工对工作丧失了热情，甚至对工作产生了厌恶情绪。恐怕很多企业都有这种情况吧。

我们原本的目的是：担心员工积极性不足而实施绩效考核，但现实情况却是：因为实施绩效考核，员工抱怨，甚至流失。所以，我还是相信那句话：实践是检验真理的唯一标准。绩效考核根本没有我们想象得那么重要，不要觉得好像不考核就不会有绩效，现实的情况可能跟你的想法恰恰相反，你越强调考核，越会制约业绩的提升。

PE 和 PM

接下来我会带出两个概念，可能是经常被大家弄混淆的：一个叫作“绩效考核”（Performance Examine），简称 PE，我们做绩效考核最常用的工具就是 KPI；另一个叫作“绩效管理”（Performance Management），简称 PM，现在最流行的绩效管理工具就是 OKR。

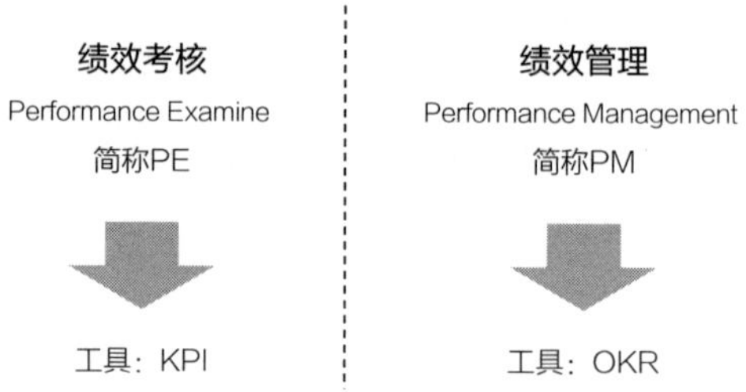

看到了吧，绩效考核（PE）和绩效管理（PM）是两个不同的概念。我们大多数人过去的想法是通过绩效考核来提高业绩，其实这样是做不到的。但是，如果我让大家现在就把绩效考核拿掉，恐怕没几个人敢，因为你要拿掉绩效考核，业绩就会立马往下掉。所以，绩效考核虽然不能提高业绩，但是它有个作用，就是能够维持业绩。因为有了考核，员工就不敢懈怠，所以会尽可能维持住业绩。这也是为什么在你的潜意识里，总觉得绩效考核很重要的原因。由于你考核的是结果，员工就不会关注过程，过程没有改进，你想结果会改变吗？当然不可能。所以，**绩效考核只能维持业绩，却不能提高业绩**。

如果你想要提高业绩，就要关注绩效管理。你可以使用 OKR 这个工具，驱动员工去改进工作，这样业绩就能有效地提高。那么，对于绩效考核和绩效管理这两个概念，我们的主张是什么呢？我们主张：**轻绩效考核，重绩效管理**。为什么要这样主张呢？因为绩效考核虽然有一定的维持业绩的作用，但是它的副作用也是很大的，更何况它还不能起到提高业绩的作用。如果把企业比作一个人的话，绩效考核相当于激素，如果一个人生病了，吃激素可以快速消除表面症状，但是并没有从根本上治好病，更不可能说，吃的激素越多，身体就越好。想要彻底从根源上治好病，必须保持良好的生活习惯，同时加强自身的锻炼，这样身体才会越来越好。而这种做法，就是绩效管理的思路。

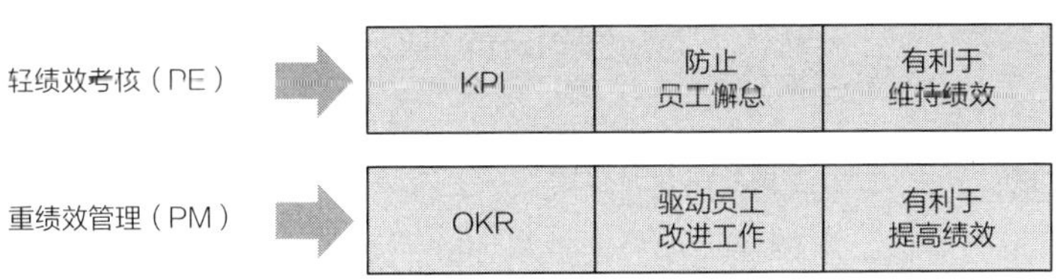

三种共存论

现在有很多人高喊 KPI 与 OKR 要共存，可是怎么个共存法呢？我见到过三种形式。

第一种，业务部门用 KPI，职能部门用 OKR。理由很容易想到，业务部门的 KPI 很容易量化，而职能部门的 KPI 往往很难量化，所以，容易量化的就用 KPI 来考核，不容易量化的就用 OKR 来进行模糊化的管理和考核。我只能说这叫作投机取巧，完全没有领会绩效考核和绩效管理的区别。这种做法的错误之处我就不解释了，如果看到这里你还不明白这种做法为什么不对，那就先保留这个问题，继续往下看吧。

第二种，例行性的工作用 KPI 考核，创新型的工作用 OKR 进行管理，但不考核。这种做法好歹还大致理解了 KPI 和 OKR 之间的某些区别，但问题就是对于同一个岗位的员工来说，往往既有例行性的工作，也有创新型的工作。一个考核，另一个不考核，你觉得员工会关注哪一个呢？你的 OKR 恐怕大概率要夭折了。

第三种，在基层员工身上使用 KPI，而在管理或技术岗位的员工身上使用 OKR。他们的逻辑是，基层员工更主要的任务是执行日常性工作，比较少涉及改进或创新，只要维持好绩效就可以了，所以就使用KPI。而管理或技术岗位的员工，主要的职责就是改进和创新，所以使用OKR。这可能是比较主流的一种做法。那么这样可以吗？我的答案依然是否定的。至于原因是什么，我先卖个关子，让大家先思考一下。如果想不明白的，也没有关系。因为这个问题很重要，在本书的后半部分有专门的章节讲解，现在先按下不提。

我稍微做个总结。我前面说了那么多，其实就是想要告诉大家一个道理：绩效考核（PE）并没有那么重要，但是绩效管理（PM）却相当重要。我们很多企业以前都非常重视绩效考核，重视KPI，但是考核KPI不能提高绩效，充其量只能维持现有绩效。如果你想要大幅度地提高企业的绩效，必须重视绩效管理。这是我们很多企业以前一直没做的。重视绩效管理，本质上就是重视过程改进，因为过程改进了，结果才能变好，这就是我极力向大家推荐OKR的原因。

错位的激励

有些企业觉得自己的业绩一直都在增长，用绩效考核的主要目的倒也不是想提高业绩，而是想通过绩效考核来区分员工的贡献，合理地分配薪酬。这个想法行不行呢？答案是不行。当然，绩效考核的确有这个功能，但是不能把它作为实施绩效考核的目的，那会让你迷失方向，陷入无穷无尽的困惑之中。想要把这个事情讲明白，我先给大家普及一个组织行为学上的重要理论，这个理论叫作“双因素理论”。这个理论太重要了，你只要搞懂了这个理论，就能解开很多关于“人”的困惑。

什么是双因素理论呢？它是美国行为学家赫兹伯格在 1959 年提出的一个重要理论。他通过大量实验把影响员工满意度的因素分为两类，一类叫作“保健因素”，另一类叫作“激励因素”。大家可以参考下页这个图。

什么叫作保健因素呢？所谓保健，就是“维持现状”的含义，说白了就是指能够维持员工积极性不下降的因素。保健因素有哪些呢？例如公司政策和管理、上级监督、薪酬、与上级的人际关系、工作环境和条件等。也就是说，保健因素做得再好，只能维持员工的积极性不下降，但是很难提高员工的积极性。想要提高员工的积极性，就必须使用激励因素。

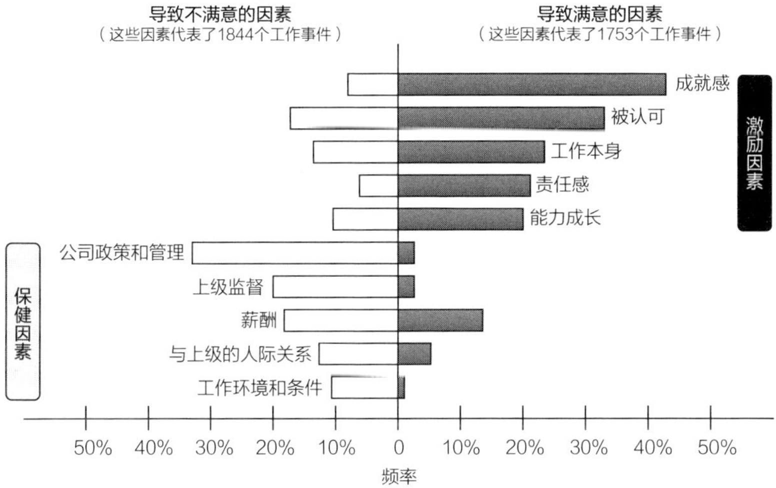

那激励因素有哪些呢？激励因素包括工作的成就感、因为工作而得到认可、工作本身的价值和责任，以及因为工作而带来的成长等。

我们经常说要激励员工，想想看，我们应该用什么来激励员工呢？是保健因素还是激励因素？当然应该是激励因素。可实际上呢？我们绝大多数企业都在用保健因素激励员工。你仔细看看，有没有发现保健因素和激励因素的本质区别？本质区别就是，保健因素都是一些和工作本身没有直接关系的东西，而激励因素则恰恰相反，激励因素往往是跟工作本身直接相关的东西。所以，想要激励员工，就要让员工对工作本身产生兴趣和成就感，而不是在绩效考核和薪酬上做文章，那是走错了方向。

这个双因素理论还有一个很重要的内容，它清晰地描述了保健因素和激励因素的特征。**保健因素的特征是：做得再好也只能消除员工的不满意，永远也不会让员工感到满意。但是，只要稍微没做好，就会让员**

工觉得很不满意。而**激励因素的特征是：只要稍微做得好一点，员工就会觉得很满意**。**但是如果你做得不够好，员工也不会说什么**。如果一名员工要离职，你去调查他离职的原因，他说出来的更有可能是保健因素还是激励因素？答案是保健因素，比如他可能会抱怨“考核结果不公平”或者“付出与收入不匹配”，但是很少有人会抱怨说“能力成长缓慢”“工作没有乐趣”等。这种情况的发生就是由保健因素和激励因素的特征决定的。但是，很多企业却被这个表面现象蒙蔽了，它们把资源和精力都投入到了保健因素的改善上，但员工永远不会对保健因素感到满意，这样做的结果是企业疲于奔命却收效甚微。你必须清楚一点：员工对保健因素的抱怨是不可能杜绝的，在任何企业都存在。在那些更优秀的企业里面，员工对保健因素的抱怨可能更加严重。

我早期在本田工作的时候，公司非常重视员工的福利，把员工食堂经营得有声有色，准备的餐食非常丰盛。2007 年广州开发区开展辖区内企业员工食堂评级，本田的员工食堂被评为最高级别 A 级，是开发区当年唯一被评为 A 级的员工食堂。而就在当年，本田内部进行了一次员工满意度调查，调查的结果让人大跌眼镜，员工食堂居然是被抱怨最多的部门。

双因素理论给了企业一个重要的启示：人力资源管理的重点不是制定出一套所有员工都不抱怨的制度（这样的制度根本就没有），而是要建立起让所有员工都能感受到工作有意义的管理体系，而这个体系现在就摆在你面前，那就是以 OKR 为核心工具的绩效管理体系。

区分贡献引发员工矛盾

要区分“贡献”的大小，你认为贡献真的分得清楚吗？企业里面每个人各司其职，分工协作，想要清晰地区分每个人的贡献，这本身就是一个“送命题”，就是在人为地制造矛盾。比如，你认为企业里面哪个岗位的贡献最大？是销售岗位吗？从表面上看，业绩都是销售人员拿回来的。但是当外部市场环境很景气、销售业绩大幅提升的时候，你扪心自问：这些业绩真的是销售人员的贡献吗？戴明在他的著作《戴明的新经济观》中讲道：“奖励绩效良好的人员这一做法没道理，正如因为好天气而奖励气象预报员。”所以，不仅是职能部门的贡献你很难区分，业务部门的贡献你也区分不了，你更区分不了不同部门的贡献。

以前有一位学者讲述了这样一个案例。卖场的销售人员费了九牛二虎之力把一件高档家具卖给了一位顾客，然后通知物流人员把货送到顾客家里。销售人员因为成功销售拿到了高额的提成，但是物流人员却只有少量的物流计件收入，结果当物流人员把货送到顾客家里的时候，顾客随口问了物流人员一句：“你觉得这件家具怎么样？”物流人员说：“这个风格有点过时。”顾客思考了半天，最终要求退货处理。有些岗位虽然不能帮你直接拿回业绩，但是却有可能搅黄你的业绩，他们对顾客具有同等重要的影响力。

我讲这个的目的不是希望你在企业里面搞“大锅饭”，你不要理解错了。我只是想告诉你，不要把“区分员工的贡献，公平地分配薪酬”作为一种重要的目的来达成，你越是把这件事作为一个焦点来关注，越会适得其反，这就等于一边敲锣打鼓，一边拿着大喇叭朝着员工喊：“大家注意了，我要给你们贴标签了，把你们分成三六九等。”何必要这样做呢？无论你的制度设计得多么“合理”，相信我，抱怨的声音不会少。

可能有人会说，如果你不仔细区分每个人的贡献，那不是会打击优秀的员工吗？你错了，优秀的员工也怕考核，越是优秀，自尊心越强，越怕考核结果不好。另外，你怕优秀的员工被打击，那些表现平庸的员工就可以随便打击吗？你要知道，优秀的人总归是少数，平庸的人是大多数，为了优秀的少数，而打击大多数平庸的人，这样做对企业真的好吗？

当我们非要硬着头皮去追求所谓公平、合理的绩效考核的时候，我们就会把制度设计得越来越复杂。考核指标越来越多，除了考核业绩，还要加上能力，还要再加上价值观，生怕考核得不充分。那么多考核指标，如何决定哪一个更重要呢？是不是还要给每一个指标加上权重，然后再通过一个复杂的计算公式，最终得到一个“科学”的、“客观”的考核结果？一个人力资源管理者就此活生生地被逼成了一个数学家。但是这样的考核结果，员工真的就认同、满意了吗？

引导关注点

我当然知道，每一名员工都非常重视自己的收入。但是，除了收入，员工还关注工作的乐趣和成就感。而这一点，恰恰是被很多企业忽视的。以前有个老板跟我抱怨："杨老师，你不知道，我们公司的员工只看钱。"但问题是，你跟员工就只谈钱，员工不看钱还能看什么呢？还有什么别的可看呢？你把所有的工作都跟"钱"挂上钩，都是你自己引导的结果啊。

让我来告诉大家正确的思路是什么。戴明在他的著作《戴明的新经济观》中曾经讲道："所谓的考核制度，引发了员工之间的冲突，把他们的注意焦点转移到争取绩效排序要高、考绩要好，反而不是工作本身。"

所以正确的思路就是：用激励因素来引导员工，让员工把关注点放在工作的乐趣和成就感上，那么员工对于保健因素的抱怨就可以降低到最低的程度。真的可以做到吗？当然可以。我可以负责任地告诉你，很多世界五百强企业都是这么做的，那些真正优秀的企业也都是这么做的。

你可以参考这样的对应关系：

KPI ➡ 绩效考核（PE） ➡ **保健因素**（公司政策和管理、薪酬等）
OKR ➡ 绩效管理（PM） ➡ **激励因素**（工作中的乐趣、成长和成就感等）

可能你现在还不知道绩效管理到底是怎么一回事，但是别着急，一步一步来，本书会把这个问题讲清楚。

双因素理论给了我们一个很大的启示：保健因素的投入是个无底洞，你做得再好，最多也只能消除员工的不满意，员工永远都不会满意。所以，从理智的角度来讲，企业必须把关注点放在激励因素的开发上，这就是很多世界五百强企业在管理上的奥秘。既然考核和薪酬容易让员工产生不满，那我们就尽可能淡化它、简化它，把员工的注意力引导到工作本身上面去。那么考核到底要不要做呢？答案是可以做。但考核不是重点，不是我们的目的，不要敲锣打鼓、大张旗鼓地做，而是应该悄无声息、润物细无声地做。你更不要刻意给员工搞排名、搞正态分布、搞末位淘汰，这就是自己在拉仇恨，给自己挖坑埋。所以考核要简单，不要复杂，我现在给自己的下属做考核只要 5 分钟，不用参考任何指标，不用填写任何考核表。不要觉得我是在敷衍这项工作，我可以负责任地说，我的考核比你们大多数人做的考核要准确得多，公平得多。我能做到这一点，靠的是平时细致的过程管理，我对下属完成 OKR 的整个过程了如指掌。比如，他在哪里遇到了困难，他又是怎么解决困难的，很多地方我都参与协助，所以我不需要依赖任何指标，这是习惯了 KPI 考核的人、习惯了成果主义思维的人难以理解的。当然这种考核方式，我也会在本书中给大家做详细说明。

第四章
绩效二要素：积极性&能力

案例：百米跑的真相

很多企业有一种条件反射，即只要企业业绩不好了，就会把原因归咎于员工的积极性不高，那解决的办法是什么呢？当然只有想办法刺激员工的积极性啊。所以很多企业致力于寻找各种激励制度，认为这就是让企业走向成功的出路，但实际上是误入歧途。我知道有些企业为了导入一些激励制度，光是咨询费都花了上百万元，可是你有没有想过，你缺的真的是激励制度吗？你导入了这些激励制度之后，得到你想要的东西了吗？

我带大家来看看真相。

假如你 100 米跑的最好成绩是 13 秒。这个时候，我说，你来跑个 100 米，锻炼锻炼身体。于是你漫不经心地起跑、加速、冲刺，最后跑出了 15 秒的成绩，你觉得这个结果正常吗？是不是很正常？因为只是锻炼身体嘛，没有必要拼尽全力。

假如我换个说法，我说你来跑 100 米，如果跑到 13 秒，我就奖励你 2 万元现金。你一听就来劲了，使出了浑身力气，最后跑出了 13 秒的成绩，拿到了 2 万元奖金。这个结果也不意外，对吧？毕竟你的最好成绩就是 13 秒，所以你倾尽全力是能够跑出这个成绩的。

假如，你的100米跑的最好成绩是13秒：

第1次	第2次	第3次	第4次
15秒	？秒	？秒	？秒
没有任何激励	跑到13秒，奖励2万元	跑到11秒，奖励10万元	跑到10秒，奖励100万元

好了，如果我再换个说法，我说你来跑 100 米，如果跑进 11 秒，我就奖励你 10 万元，你认为最后的成绩会是多少呢？相信只要你还算是理智，你也应该很清楚，你只能跑到 13 秒。因为你不可能突破你的能力上限。

最后，我们再来，如果我说，你来跑 100 米，如果跑到 10 秒以内，我就奖励你 100 万元，你认为结果会是什么呢？其实不需要考虑了，结果还是 13 秒，对不对？有一次我在线下上课的时候，我问大家最后的成绩会是多少秒，结果有人回答 0 秒，我问为什么，他说因为员工觉得老板是在给他画饼，所以干脆不想跑了。看到了吧，对于这种明显不可能做到的事情，员工甚至连尝试的欲望都没有了。

上述例子就是激励制度的真相。你以为只要不断地刺激员工的积极性，员工就能拿到越来越高的业绩，其实这只是你的异想天开。你忽略了一件事情，就是影响业绩的因素，不仅是积极性，还有一个因素非常重要，却一直被你忽视，那就是能力。一个人，不能做到他能力范围以外的事情。

通过前面这个案例，我们可以得出两个重要的结论：

第一，积极性是很容易调动的，只要稍微加入一点物质激励就可以调动起来，而一旦员工的积极性被调动起来，绩效就会井喷。大家看下面这个图，第一次只跑了 15 秒，原因是这个时候积极性还没有调动起来。

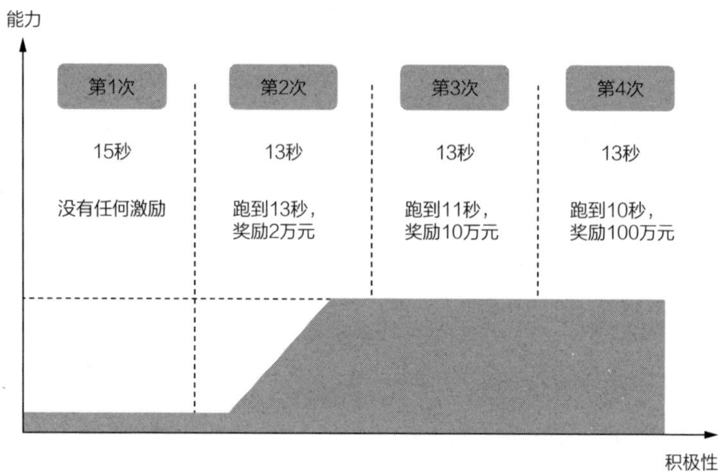

所以在第二次的时候，我们加入了一点点物质激励，结果就立刻从 15 秒提高到了 13 秒。大家看，绩效立刻就井喷了。原理很简单，你本来就有跑 13 秒的能力，只不过没有发挥出来而已，现在我给出了一定的激励措施，你就全部发挥出来了，绩效当然就会井喷。

第二，**积极性只能决定能力的发挥水平，而能力的上限决定了绩效的上限**。大家都觉得积极性非常重要，但其实积极性只有在员工的能力还没有充分发挥出来的前提下，才是重要的因素。这个时候，你刺激积极性，绩效就会井喷。但是，当能力已经充分发挥出来的前提下，你再去刺激积极性就没有作用了。因为这个时候，决定绩效的不再是积极性，而是能力的上限。所以，第三次、第四次的时候，尽管我们加大了刺激的力度，但是绩效已经不会再有变化了。

思维定式

我们大多数人都会有个思维定式：只要绩效不好，就是因为员工不努力。就好像中国男足总是打不进世界杯，每次输球，我们总是抱怨球员不努力，积极性不够，其实，如果真的是积极性不足，那反而好解决。问题是真是因为积极性不足，才输球的吗？中国男足只要积极性高了，就肯定能打进世界杯吗？我们是不是太想当然了？一旦觉得员工不努力，我们就觉得是考核不到位，或者是激励不到位，可以说，这样思考问题只会误入歧途，在错误的道路上越走越远。

我们就没有想过，绩效不好，还有另一种可能，就是能力不足。中国女排在里约奥运会夺冠的时候，很多媒体争相报道，号召全民学习女排精神。在我们绝大多数人眼里，输了就是不努力，赢了就是因为精神力量强大。我们完全把成功的要素简单化、抽象化了，在我们看来，成功很简单，就是要努力，要具备坚忍不拔的精神。结果中国女排主教练郎平说了一句让大家都清醒下来的话，她说："单靠精神不能赢球，还必须技术过硬。"看到了吗？"技术过硬"指的就是能力。**能力不足，精神力量再强也没有用**。

那现在问题来了，在我们的企业里面，员工到底是积极性不足，还是能力不足呢？我前面讲了那么多，已经做足了暗示，正常人都应该能猜到我的判断是什么，那就是能力不足。但是，我相信，很多人在心目中还是非常顽固地认为是积极性不足。这也不奇怪，毕竟想要打破那些根深蒂固的观念并不容易。接下来，我会论证给那些顽固的人看，让他们死心。

我们前面的 100 米跑的例子已经给大家展示过了，如果真的是积极性不足，那么解决的办法很简单：只要加入一些物质层面的激励，业绩就会井喷。还记得这个结论吧？如果你认为，在你的企业里面，制约绩效提升的核心原因是员工积极性不足，那很好办，你把物质激励加大一些，看看会出现什么效果。如果真的是因为积极性不足，业绩一定会出现井喷的效果。

大家还记得中国 20 世纪 70 年代末在农村搞家庭联产承包责任制的事情吧。在那之前，农村是吃“大锅饭”的，大家的积极性很低，因为干好干差一个样。所以，国家搞改革开放，第一件事就是废除了农村的“大锅饭”，改成承包制，分田到户，说白了就是独立核算，做得越多，得到越多，结果劳动效率一下子就井喷了，产量打着滚地往上翻。所以，那个时候的问题，真的就是积极性不足。这也说明了，员工是不是积极性不足，这一点是很容易检验的。但是现在的农村呢？问题还是积极性不足吗？显然已经不是了。仅仅依靠农民耕种自己分得的一亩三分地和“面朝黄土背朝天”的辛勤劳动已经没办法跟国外进口的农产品竞争了。现在的农村，不是在“分”，而是在“合”，进行土地流转，把原来分出去的土地再流转回来，让有实力的合作社来经营。合作社如何经营呢？当然是进行机械化、自动化的大规模作业，把成本降下来，把品质提高，这样才能重新提高中国农产品的竞争力。这充分说明了现在农业生产的瓶颈不再是积极性不足，而是能力不足。

有一次我受邀参加广东一个中小企业协会组织的课程，下面坐了上百家企业的人力资源总监和经理。我同样也问了这个问题，结果绝大多数人都不假思索地回答我：是积极性不足。我反问他们，我说在座各位今天来听我讲绩效管理，想必你们公司老板对于你们所建立的绩效管理体系并不满意吧？几乎所有人都点头。我马上接着问：那你们没有把绩效管理这项工作做好，是因为你们积极性不足吗？大家一下子都傻眼了，面面相觑，说不出话来。答案不是很明显吗？他们不能把企业的绩效管理做好，难道不是因为能力不足吗？这也是他们来听我上课的原因啊。所以，大家看看，睁着眼睛还能说瞎话，人的思想有多顽固。

还有人会说："有没有可能是这样的情况，既有积极性不足的问题，也有能力不足的问题？"可能很多人听完之后都会马上点头，这个有道理，两方面都不足。毕竟，很多人都擅长和稀泥。讲这个话的人只是不愿意相信自己是错的，因为他就是一根筋地认为员工就是积极性不足，员工绩效不好的原因就是缺乏动力，就算你说员工能力不足，这个他也承认了，但是他认为员工不会是单方面的能力不足，积极性肯定也是不足的。我只能说这是他一厢情愿的想法，事实根本不是那样。员工既有积极性不足，也有能力不足，听起来好像很有道理，但你只要认真推敲一下，就会立刻发现问题。还记得我们前面讲过的两个结论吧？其中有个结论是：积极性决定了能力发挥的水平。员工如果是积极性不足，那就意味着他的能力还没有完全发挥出来，既然他的能力还没有完全发挥出来，你又怎么知道他的能力到底足不足呢？所以，所谓两方面都不足的状态，只是你的一个想象，实际上这种状态根本没有办法确认，所以这样的想法毫无意义。

所以，在这里我做个结论：员工要么就是积极性不足，要么就是能力不足，二者必居其一。如果是积极性不足，这种状态很容易确认，只要通过一定的物质激励，业绩就会井喷。如果业绩没有出现井喷，那就说明当下的业绩瓶颈不是积极性不足，而是能力不足。

我相信，在当下绝大多数企业里面，想要通过增加一些物质激励，就让绩效出现井喷，应该是很难做到的。如果不信，你可以在你的企业里面试一下。如果绩效不能井喷，那就确定瓶颈一定是能力不足。

防止杀鸡取卵

前面说了，因为大多数企业就是一根筋地认为业绩不好的原因是员工积极性不足，所以，它们不断地寻找各种各样的考核制度或激励制度来刺激员工的积极性。但是，当员工能力不足的时候，你又要通过各种“威逼利诱”的制度来刺激他出业绩，员工会干什么呢？员工就会干这四个字：“杀鸡取卵”。比如，通过一些所谓的“捷径”来获取业绩，为了短期利益损害企业的长期利益，为了他个人的利益，损害客户和企业的利益。有没有出现这样的情况呢？别告诉我你的企业没有。如果真的没有，那说明你的企业肯定是一家非常优秀的企业。

我们用销售人员来举个例子。我们大多数企业的销售人员都是提成工资制，所谓提成制，就是做得越多，拿得越多，所以你可以想象，在这种制度下，员工的积极性还会是个问题吗？所以，如果销售人员的业绩做得不好，大概率可以确定是能力不足。

大家应该清楚，如果一个销售人员能力不足，我们的解决方案应该是去提高他的能力，例如，可以给他培训产品知识、销售流程、沟通技巧等，当然，最有效的方式还是找一名资深的销售高手来带他，并且对他的销售过程进行严格的跟踪管控，及时提供必要的帮助。这样，他的销售能力通常可以得到快速的提高。

但是，如果我们认为业绩不好的原因是员工的积极性不够，我们就会把焦点放在激励制度上，不断地去思考更加激进的激励制度，最后，在这些激进的激励制度下，销售人员会干什么呢？为了达成业绩目标，他会无所不用其极，例如钻公司政策的空子、无底线给客户降价、哄骗顾客、给顾客过度承诺，甚至在销售数据上造假等。总之，可能业绩是提高了，但是给客户和企业造成了非常负面的影响和长期损失。试问，这真的是我们想要的结果吗？

好了，说了那么多，我来总结一下。对于绝大多数企业来说，想要提高绩效，必须关注员工两方面的状态：一个是积极性，另一个是能力。如果你认为员工绩效不好，仅仅是因为积极性不足，那你就会热衷于寻找各种激励制度，你会认为只要建立起优秀的激励制度就好了。所以，你会认为绩效考核非常重要，KPI 非常重要。这就是很多企业过去一直在做的事情。但是，这个方向其实是错误的。因为我们错误地判断了**制约绩效提高的瓶颈，不是积极性，而是能力**。如果你正确地认识到这一点，你就不会在激励制度上投入那么多的精力，而是会倾注心血去培养员

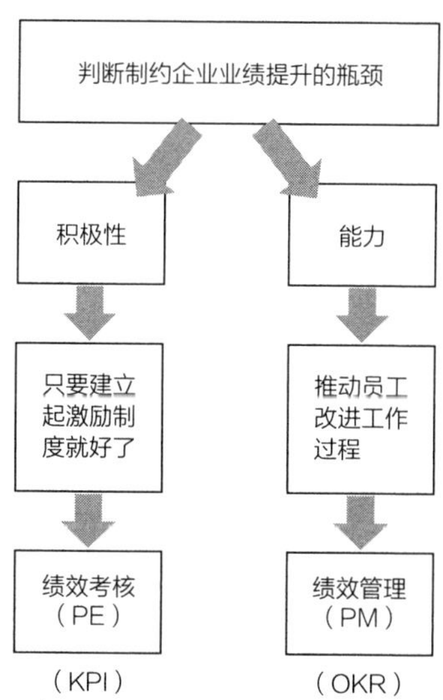

工，推动员工去改进工作过程，而这个就是绩效管理，就是 OKR 要做的事情。

毫无疑问，现在绝大多数企业关注的都是绩效考核和 KPI，而真正关注绩效管理和 OKR 的企业相对较少，除了大家对积极性不足和能力不足的判断有误之外，还有一点原因，就是很多企业的经营者都想轻松地经营企业，不想操那么多心，如果能制定一套有效的考核制度或激励制度，让员工在企业里面自动运转，像永动机一样不断地产出高绩效，这不是很好吗？如果要提高员工的能力，就要关注过程改进，那无论是经营者还是管理者就要倾注很多心血，肯定就没有那么轻松了。

所以，从 KPI 到 OKR，背后是价值观的改变，如果你还是用 KPI 的思维来做 OKR，你注定会失败。

第五章
绩效产出原理

突破绩效上限

我们前面举了跑 100 米的案例。在这个案例中，你一共跑了 4 次。我们在第 4 次时设定的目标是 10 秒，这已经超出了你的能力上限，理论上你无论如何都不可能跑到这个成绩。但是，如果我们真的想要跑进 10 秒，是不是就不可能呢？当然不是。毕竟每个人、每家企业都有不断提高绩效的需求和欲望。那应该怎么做呢？答案很简单，既然能力的上限决定了绩效的上限，那么想要提高绩效，就只能先提高能力。

其实提高绩效的逻辑非常简单：行为不变，结果就不会变。如果你想要改变结果，那你的行为必然就要发生改变。一项工作完成的过程就是由一连串的行为组成的，通过实施这一连串的行为，我们产出了绩效。所以，这一连串的行为就是“过程”，我们想要得到好的绩效，就必须管理好我们的行为，这就叫作“过程管理”。

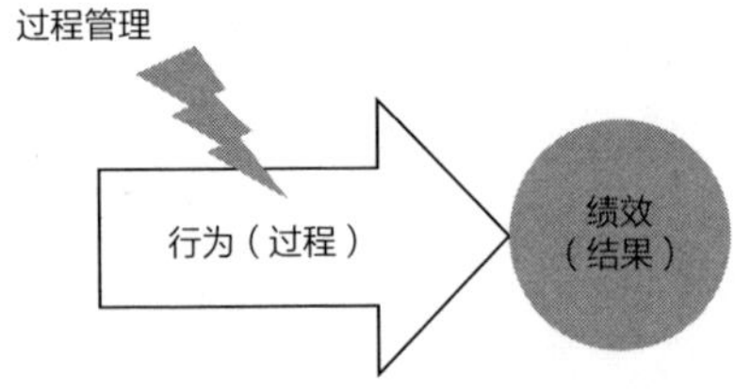

我们看看亚洲飞人苏炳添是如何跑进 10 秒的。苏炳添在东京奥运会赛场上跑出了 9 秒 83 的好成绩，打破了亚洲纪录，但是据他所说，他也经历过很长一段时间的低潮期。在那段时间里，他无论如何都跑不进 10 秒，令他非常苦恼。最后，他咨询了很多专家，得出的结论是：如果不做出一些重大的改变，他很难突破 10 秒。所以，他下定决心做了这个改变。这个改变是什么呢？就是换起跑脚，从习惯的右脚起跑换成左脚起跑，不要小看这个改变，对于短跑运动员来说，所有的动作是一个体系，全部都是协调一致的，起跑脚改变了，就意味着整个体系都要做出相应的调整。据苏炳添自己说，他当时连怎么发力都不会了。但是，他坚持了下来，通过不断训练和适应，最后终于跑进了 10 秒。无独有偶，110 米栏前世界冠军刘翔也有类似的经历，为了提高自己的成绩，刘翔把八步上栏改为七步上栏，大幅提高了比赛成绩。因此，我们可以看到，想要提高绩效，必须对行为进行改变，这种改变，用我们最常用的说法，叫作创新。

改变和改进

说到创新，每个人都会有不同的理解。多数人会认为自己的企业需要持续的创新。但是还有一些人，他们认为自己的企业不需要创新。所以，在这里，我必须对创新这个词做一些解释。

创新可以分成两种，一种叫作“拍脑袋式”的创新，也就是仅仅凭着个人喜好和感觉进行的创新。这种创新，我们只能称为“改变”。既然是改变，就存在两种可能：一种是“改好”，另一种是“改差”。而且由于仅仅是凭喜好和经验做出的改变，往往就有可能变成“改差”。所以，我经常听到一些老板对自己的员工说：你最好不要创新，老老实实按照标准做就好了。其实这个意思就是说，你不要随便改变我的标准，必须按照要求来。

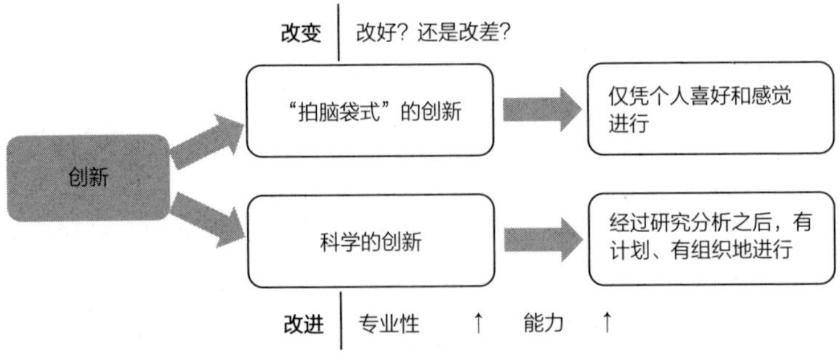

另外一种创新，我把它称为科学的创新。这种创新需要经过周密的研究分析之后，有计划、有步骤、有组织地进行。这种创新通常会产生非常确定的进步，所以我把它称为“改进”。好，大家应该明白了，我们需要创新，但是我们所需要的创新是改进，而不是改变。因为想要改变很容易，随时都可以改变，但是想要改进，就需要付出时间、精力，甚至大量资源的投入。

每个人、每家企业都需要过程改进，因为只有过程改进了，才能提高绩效。另外，员工在某个领域持续地改进，就能提高他的专业性和能力。我在前面讲了，大多数企业过去只关注员工的积极性，忽视了员工能力的培养，而能力培养的途径就在这里。

改进不仅要有，而且还要持续地进行。大家知道丰田汽车精益管理的核心理念就是持续改进。其实不仅仅是丰田汽车，绝大多数日本企业的经营理念都包含了“持续改进”这一条。还有，中国的互联网企业常说的“迭代”思维，也是持续改进的意思。其实，不止是产品和服务要迭代，所有的工作都可以迭代。

第二次世界大战之后，日本从一片废墟到迅速成长为世界第二大经济体，其中有一名美国人做出了巨大的贡献，这个人叫作爱德华兹·戴明，我在前文中提过。他在日本推广了一个重要的思维模型，叫作“PDCA 循环”。这个 PDCA 循环就是用来对过程进行改进的工具。我们在推进 OKR 的时候，必须把 PDCA 循环结合进来。我们用 OKR 来聚焦和跟踪关键的过程，然后用 PDCA 循环来改进这些关键过程。PDCA 循环是一个非常有价值的工具，如果没有掌握 PDCA 循环，OKR 也是很难成功推进的。它们是一个组合。

我们说行为不变，结果就不会变。这本来就是一个常识，我甚至都不需要去证明它[①]。但是有人会说，这个道理我明白，但是有一个现象我很奇怪，在现实中，我的企业并没有做出什么特别的改进，为什么业绩每年都在增长呢？其实这个一点都不奇怪。雷军讲过一句话："站在风口上，猪都会飞起来。"企业的绩效除了跟过程改进有关系之外，还会受外部环境的影响，所以这就常常造成我们的错觉，让我们觉得自己很厉害。你想想看，猪真的会飞了吗？如果风停了，猪就会重重地摔下来。但是很多企业往往想不到这些，它们陶醉于随风起舞的美妙幻境，全然不知风险已经慢慢临近。

我依然用前面讲过的 100 米跑的例子来说。如果在你起跑的时候，刚好顺着你要跑的方向刮起了一阵台风，你说你有没有可能跑进 10 秒呢？当然就有可能了呀。问题是，你的能力并没有增强，你的真实水平依然是 13 秒，只要台风过去了，你就会原形毕露。所以有一句话说得好，只有退潮的时候，你才能清楚地看到，究竟是谁没有穿泳裤。

大家不妨做个思考，你的企业在最近一年中发生了多大程度的改

① 戴明曾经通过一个名为"红珠实验"的统计学实验，以科学的方式证明了"不对系统进行优化，就不可能提高系统的输出"，有兴趣的读者可以查阅我写的另一本书《当薪酬不再与绩效挂钩》

进？员工的专业度有了多大程度的提高？有调查研究表明，90% 的企业在一年中基本没有什么改进，甚至连续很多年都没有什么改进。说白了，很多企业都是在享受市场带来的红利，一旦红利期过去，企业就会变得风雨飘摇。

只有结果该奖励吗

我知道很多企业都是采用KPI来做绩效考核的。那么大家肯定有个疑问，当我们用KPI来做绩效考核的时候，是否有利于员工改进工作呢？答案是否定的。而且更让你失望的是，KPI考核不仅不能促使员工改进工作，反而还会制约员工去改进工作。原因有两点：

第一，考核结果是跟员工的收入挂钩的，所以对于员工来说，他有尽快实现成果的压力，而改进是需要分析研究的，可能还要不断地试验，对于员工来说，他不愿意花时间去做这件事情。相比改进，他更倾向于去找“捷径”。

第二，改进就是创新，只要是创新就都是有风险的，成功了自然好，但是万一失败了呢？万一失败了，KPI肯定就完不成了。那这个风险等于是需要员工自己承担的，你要是那个员工，你还有想改进的欲望吗？

所以，你考核得越厉害，员工就越不愿意去创新。大家是否还记得，前几年网上流传一篇文章，叫作《绩效主义毁了索尼》。索尼本来是一家很有创造力的企业，但后来管理层在企业内部建立了过度强调绩效考核与物质激励的制度，导致整个创新能力和挑战精神逐渐丧失，并在2000年以后出现了巨额亏损。

所以，我不建议企业使用KPI进行绩效考核，因为**KPI考核的价值观就是：企业只奖励有结果的人，不会奖励那些愿意做改进和创新的人。**比如企业的研发人员，如果他们有业绩压力，就不愿意去做开创性的、从0到1的研究，只愿意在原来的基础上小修小补，甚至抄袭模仿，这样就会导致企业的竞争力越来越弱。

有人说，我给员工定一个高目标，员工为了实现这个高目标，那他只能选择去创新、去改进啊，不然他就没办法达成目标啊。哎，说对了，员工自己也知道如果没有改进就不可能达成高目标，所以他一定会在制定目标的时候，想尽办法抵制设定高目标。他会找出各种证据，证明这么高的目标是不可能实现的，而且很多时候，甚至能把老板说服。大家想想看，你们公司是不是存在这样的情况？

好了，我稍微总结一下。KPI考核对绩效确实有一定的影响，但是这种影响充其量可以达成的效果就是“维持绩效”。这也是大家从感性上觉得KPI考核有用的原因，因为如果你突然不考核KPI了，那业绩可能就连维持都成问题。当然，你不要认为因此我就会支持KPI考核，不会的，因为如果你想要“维持绩效”，还有比用KPI考核更有效、更科学的方法，这种方法不仅能很好地维持绩效，而且它不像KPI考核那样会产生那么多的副作用。这种方法我会在后面做具体介绍。

考核 KPI 这种做法本身并不会提高绩效，这一点是非常肯定的，你不要在这里有太多幻想。原因就在于考核结果不会产生改进，过程没有改进，结果就不会改变。至于你感觉考核 KPI 之后企业业绩不断提高，那只是你的错觉。那是因为外部市场在自然增长，一旦外部市场的自然增长结束，企业的业绩增长就会立刻停止。所以，当经济环境不好的时候，就会有一堆企业倒闭。**如果一家企业想要长期稳定地经营下去，就必须重视过程改进**。

谁来聚焦

我们前面讲了，改进必须是科学的，是需要研究、分析和反复试验的，那就需要付出时间和精力。对于任意一名员工来说，他可能承担多项职责，每一项职责下面又有若干项工作，如果说员工要改进，那他需要改进哪一部分呢？他不可能有时间和精力对所有的工作同时进行改进，必然要有所选择。这种选择，我们称之为聚焦。

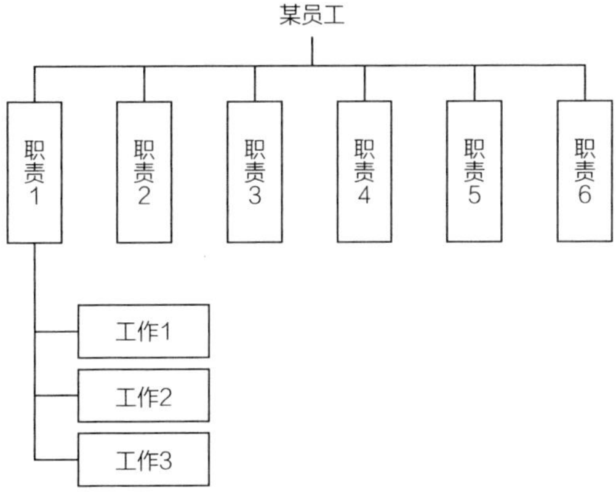

那谁来把员工的工作进行聚焦呢？如果让员工自己来聚焦，他会怎么选择呢？员工一定会选择那些容易改进的工作。但是大家要清楚，**那些容易改进的工作，很可能不会对企业的业绩有多大的贡献。**比如，把做报表的时间缩短了，或者让会议的效率提高了，你说这些算不算改进呢？当然算，但是这些工作对公司整体的业绩有多大贡献呢？可能很少，甚至根本没办法衡量。所以，不能让员工自己来聚焦，必须由公司来聚焦。也就是由公司来告诉员工，聚焦在哪些工作上进行改进。

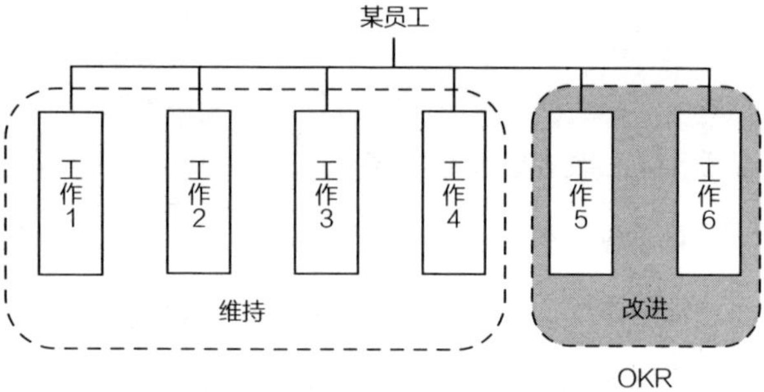

以上图为例，第 5、第 6 项工作必须改进，所以下个季度就聚焦在这两项工作上。第 1～4 项工作暂时不需要改进，就以维持为主。需要改进的这两项工作就必须纳入 OKR 里进行管理，所以，我们使用 OKR 的一个很重要的理由就是用它来聚焦。

那么公司怎么决定哪些工作需要聚焦呢？当然是那些在当年或季度最重要的工作。所以，公司的经营层必须知道当年或季度最重要的工作是什么。而且，由公司来聚焦有个很重要的好处，就是公司会往这里投入人力、物力和财力，因为**改进除了需要时间和精力之外，还需要资金、设备、技术等各种资源的保证，否则改进很容易失败。**

虽然说改进是由公司来决定聚焦，但并不是说由公司分别给每一位员工聚焦，这样做效率太低下，而且也根本没办法操作。所以，真正操作的时候，首先由公司明确在接下来一个工作周期内，哪些领域的工作必须得到改进。也就是说，公司必须首先明确一个总体的改进方向，我们一般称为战略，在日本企业叫作方针，两个是一个意思。这个战略可能是什么呢？比如，可能是“大幅提高老顾客的购买占有率”，这个战略就是公司级 OKR 的 O。

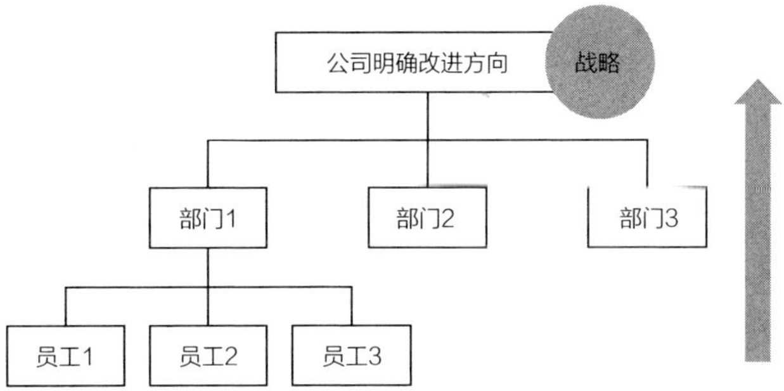

当你看到这个 OKR 的时候就会明白，公司接下来聚焦的工作重点是对老顾客进行销售，要让老顾客尽可能多地买公司的产品，重点就不是新顾客的开发。有些人可能会问：这个战略不是只跟销售部门相关吗？为什么说它是公司整体的战略呢？你看，你又在“拍脑袋”了。这个战略跟哪些部门相关，取决于对企业现状的深入研究和把握。比如，想要让老顾客多买公司的产品，必须搞清楚老顾客买得少的原因是什么，或者，想让老顾客多买的“阻碍点”在哪里。老顾客是不是对产品功能、品质或服务不够满意？这些很显然就不止跟销售部门有关系了。

接下来，各个部门就要思考：我该做什么来支撑公司的战略。销售部门要思考，研发部门也要思考，同样的，制造部门、采购部门、品质部门、人力资源部门、财务部门都要思考。这个过程叫作“对齐”，所谓对齐，就是各部门与公司的战略方向保持一致，大家往同一方向努力。同理，部门与公司对齐了，员工也要跟部门对齐。就这样，公司的战略方向就传递给了企业的每一名员工。也就是说，每一名员工所做的改进工作就跟公司的战略方向保持了高度一致。我们经常说，全体员工劲往一处使，就大大提高了战略的执行力，就更加有力地保证了战略的落地。

从战略出发

最后，我们来做个结论。企业绩效产生的原理：企业通过制定并实施战略，在关键领域落实了改进，因此提高了绩效。这个过程我分成两点说明一下：

第一，你必须清楚行为（过程）不变，结果（绩效）就不会变，想要结果（绩效）改变，就必须改进行为（过程）。

第二，那么，企业的改进是怎么发生的呢？并不是无序发生的，让各部门、各岗位的员工自由发挥，是不对的。企业的改进必须是有序发生的。**首先由企业制定战略，决定要在哪个关键领域实施改进，然后各部门、员工分别对齐公司的战略，最终落实相关的改进。**

所以，战略决定了企业的绩效。真正有效的绩效管理必须是战略型的绩效管理。因此，**制定 OKR 的时候，必须从战略出发，而不是从部门或岗位的职责出发**[1]。我看到很多企业在制定 OKR 的时候都是从职责出发的，最后做出来的 OKR 跟 KPI 实际上没什么两样，这样做肯定是错

① 理论上来讲，OKR 也可以来自岗位职责，只不过这种来源只能作为战略来源的辅助和补充，对企业业绩的影响也较小或不确定，且其制定方式另有细则，本书限于篇幅不作讨论

误的。当然，这也从另外一个角度说明，很多企业的战略是缺失的，员工不知道企业的战略是什么，所以只能从职责的角度来制定 OKR。

OKR 就是战略型绩效管理的最佳应用工具。当然，你必须搞明白的是，OKR 只是战略落地的工具，如果企业没有清晰的战略，或者战略方向有偏差，那么执行的结果一定达不到预想的效果。这部分内容我在后面还会重点去讲。

第六章
上下左右对齐

部分与整体

现在很多企业实施的都是 KPI 考核。通常每年年初的时候，全公司要做一件大事，就是制定并分解 KPI。大多数企业一般是由公司先出一个整体的业绩目标，例如销售额要达到多少、利润要达到多少，当然还可能会有一些其他的 KPI 指标。有了这个之后，各部门就根据公司的总目标来制定自己部门的 KPI，每个部门的 KPI 经过与公司经营层讨论确认之后，自动成为各部门的绩效考核依据。这个时候，年度计划就算制定完成了。当然，还有些企业会做得更细致一些，各部门会根据自己的 KPI 制定相应的行动计划（可能这就是它们所理解的“过程管理”吧）。

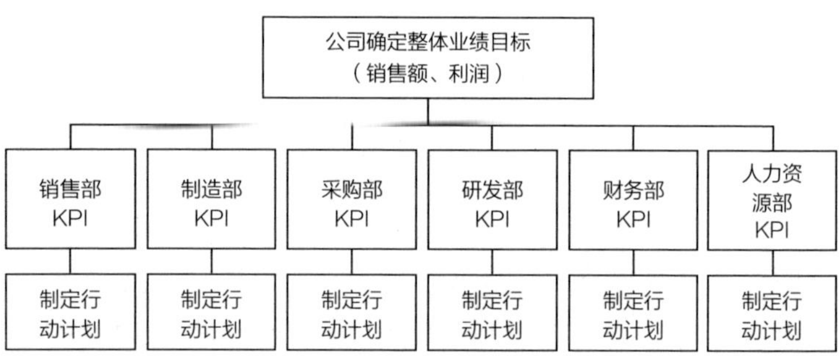

整个过程看上去很科学，但是实际上根本行不通。而且，对于提高企业整体的业绩来说，不仅没有正向的作用，反而还有副作用。可能大家很惊讶，这个做法不就是绝大多数企业的做法吗？没关系，先别急，让我来给大家梳理梳理。

我们之所以在制定 KPI 的时候会采取这样一种思路，背后有一个逻辑支撑：各部门、各岗位如果都能实现自己的 KPI，那么企业整体的业绩就会做到最好。很多人会不理解，难道不是这样吗？各部门都做到最好了，企业整体不就能做到最好了吗？就好像，一个班上的每一名学生都考出自己最好的成绩，那整个班的总成绩就一定是最好的呀。听起来似乎无懈可击，但是你忽略了 点，企业里的每个部门、每个岗位承担着完全不同的分工，它们之间是相互协作的关系。既然是相互协作，就说明它们之间的工作会相互影响，就不是完全独立的个体，所以不能用“1+1=2”的思维来看待它们之间的关系。我接下来给大家讲一个例子，你就能明白了。

比如，有一家制造业企业，采购部的 KPI 多半是降低采购成本。那么采购部拿到这个 KPI 之后，就要考虑如何行动。一般来讲，采购部降低成本的方式无外乎两种：一种是通过比价议价，更换价格更便宜的供应商；另一种就是通过大批量采购降低采购价格。这就是采购部门最有效的降低成本的手段。但问题是，无论采用哪一种方式，都会对其他部门甚至企业整体产生重大的影响，而这种影响本质上就是一种伤害。

如果采用第一种方式，更换价格更便宜的供应商，那么对于制造部的 KPI 来说，就会造成重大冲突，因为制造部的 KPI 多半是提高品质合格率，或者是提高准时交货率。如果采购部为了降低采购成本而更换价格更便宜的供应商，那么很可能在来料的品质上就会出问题。有些问题也许能在来料检验时发现，但还有些问题恐怕会在生产制造的过程中才能发现，这样就会降低制造部的品质合格率。另外，由于采购部更换了新的供应商，新供应商往往在磨合上会比老供应商要费时，这样就会影响准时交货率。这是采用第一种方式所造成的问题。

如果采用第二种方式，大批量采购，又会跟财务部的 KPI 发生冲突。财务部的 KPI 多半会有降低财务费用这一项。但是大批量采购，会导致大量资金被占用，造成利息成本增加，最终导致财务费用上升。

其实，采购无论采用哪种方式来达成自己的 KPI，最终都会造成其他部门的利益受损，当然，最终受损的是企业整体的利益。所以，凡是实施 KPI 考核的企业，都会有个特点，就是各部门之间的指责和抱怨特别多，这其实不是文化的问题，也不是本位主义的问题，而是考核制度造成的，是制度把大家变成这样的。

我举的虽然是个制造业的例子，但是对于任何行业的企业都是一样的。类似的例子非常之多。例如销售部的 KPI 是销售额，销售部想要快速打开市场，就需要投入大量人力，但是人力资源部的 KPI 可能是控制人力成本，两个部门的 KPI 之间就是矛盾的。有些企业的经营者想通过这种方式来形成制衡，让人力资源部充当监督者的角色，以杜绝销售部随意扩张人员，但是这种方式是绝对错误的，因为人力资源部与销售部是平级，很难站在审核者的角度来与销售部对话，更何况人力资源部对销售业务的具体情况并不了解，这相当于让外行来审核内行，这种做法的结果通常是产生激烈的冲突和矛盾。

“五马分尸图”

你必须搞清楚，企业内各部门之间不是互相竞争的关系，也不是相互制衡的关系，而是互相协作的关系。企业整体的绩效不等于各部门绩效之和。

戴明曾经讲过这样一段话：

> 在执行目标管理时，将公司的目标“展开”划分为各个组成部分或部门的目标。我们通常会假设，如果各部门都达成它分到的目标额度，则整个公司的目标也就自然达成。然而一般而言，这种假设并不能成立：部门之间总是彼此相互依赖的。
>
> ——摘录于（美）爱德华·戴明所著《戴明的新经济观》

所以，至少在20世纪七八十年代，戴明就已经明确了不能把公司整体的绩效目标分解为各部门的KPI。用这种方式来做目标管理，从逻辑上来看也好，从实践中来看也好，都是错误的。但是这种分解KPI的做法，在中国企业中，目前还是很流行的，实施KPI的这些企业，即便是业绩还能保持增长，但大部分也都遇到了一些很头疼的问题，这些问题就像狗皮膏药一样，任你怎么甩都甩不掉。当然，我等一下会跟大家讲，如果实施 OKR，这些问题就都迎刃而解了。

我们经常说，企业是一个团队，但是我们有没有想过，到底怎么样才算是一个真正的团队。一个团队最鲜明的特征是，所有成员应该有共同的目标。但是如果每个部门都有自己的 KPI，那各部门就有了各自不同的目标，各部门的利益就会产生冲突，很显然就不是一个团队了。很多企业都在强调团队建设，但是我们的绩效制度正在让团队变得更加撕裂，这难道不值得我们重视和反思吗？

凡是使用 KPI 的企业，企业内部的状态是这样的：各部门有自己的 KPI，都在朝着不同的方向拼命拉扯，而企业的经营者呆立在中间，看着企业整体目标，虽近在眼前，却又远在天边，怎么也到不了。经营者心力憔悴，却又无计可施。这个图，我给它起了个名字，叫作“五马分尸图”，虽然有点不好听，却很贴切。

使用KPI的企业

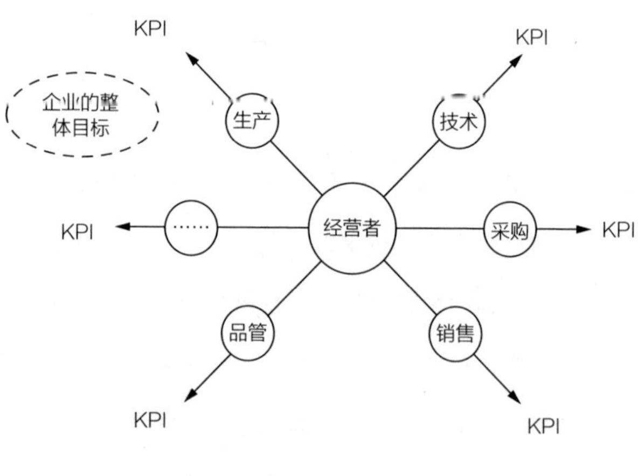

在 KPI 考核这种模式下，各部门为了达成自己的 KPI，各自为政，追求自己部门的利益，由于各部门之间是相互协作的，追求自己部门的利益往往就会伤害其他部门的利益。所以，通常来讲，**采用 KPI 考核的企业，内部都会出现部门间相互抱怨和指责的情况。**大家不妨审视一下自己的企业，有没有出现过这样的情况呢？

真正的团队

大家也许会问，那这个问题该怎么解决呢？很简单，用 OKR。KPI 考核的是结果，背后的逻辑就是：我不管你做什么，我只要结果。既然你不管他做什么，那他当然就有可能去做伤害别人利益的事情了。所以，要解决这个问题，就必须进行过程管理，而过程管理就会用到 OKR。

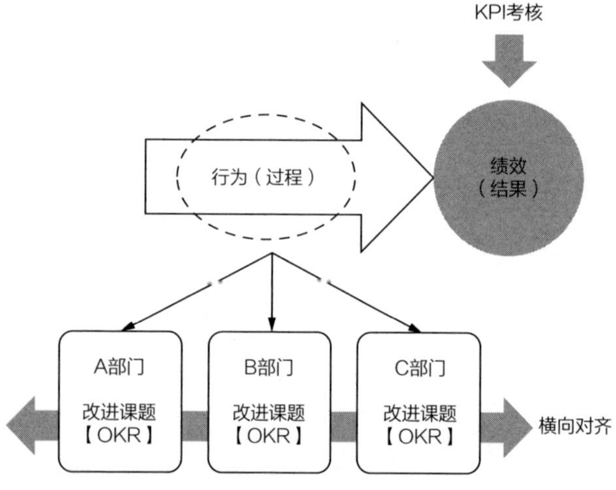

比如，A 部门、B 部门和 C 部门分别根据自己的业务提出一个改进课题，这个改进课题就可以用 OKR 来表述，然后这三个部门都会公开自己的 OKR，这样相互之间就知道别人的 OKR 到底是什么，别人想要针

对什么问题进行改进。这样，在制定计划的时候，每个部门都可以知道自己的 OKR 会不会跟别人的 OKR 发生冲突，如果有，那大家可以讨论修改，直到没有任何冲突为止。也就是说，当我在完成自己的 OKR 的时候，不会对你完成 OKR 形成干扰和制约。当然，光是不冲突还不够好，最好的情况是，A、B、C 三个部门所做的改进课题不仅不冲突，还有一定的协同性，比如能够从各自专业的角度完成同一个关键领域的重大改进。在 OKR 的体系中，我们称这样的一个过程为“对齐”。对齐分成横向对齐和纵向对齐。刚刚讲到的对齐，叫作“横向对齐”。

横向对齐之后，虽然各部门之间能协调一致，不产生冲突，但还不够。因为虽然各部门之间能协调一致，但是并不能确保大家所做的事情一定是能够实现企业整体目标的，所以，除了横向对齐之外，还必须有纵向对齐。

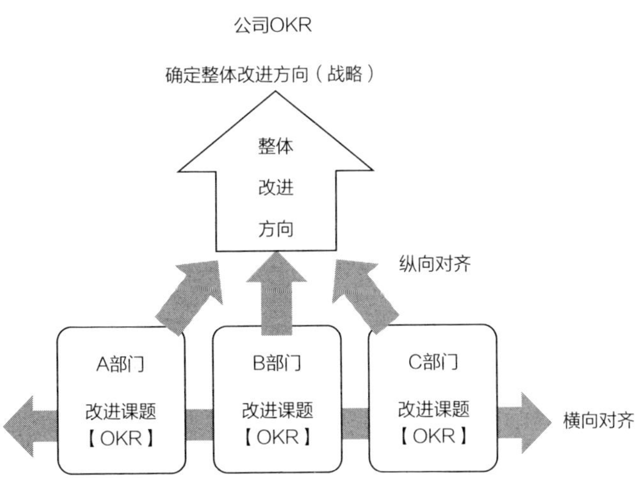

所以，在制定部门 OKR 之前，必须首先制定公司的 OKR。公司的 OKR 从哪里来呢？从战略来。企业就像一艘船，如果没有战略，就会迷失方向，就会撞上暗礁。当企业有了战略，就有了前进的方向，才能顺利地到达彼岸。

因此，公司战略所明确的就是企业整体的改进方向，有了这个整体的改进方向，A、B、C 三个部门的 OKR 都要朝着这个方向对齐，这就是纵向对齐。

有了纵向对齐和横向对齐，企业各部门、各岗位之间就拧成了一股绳，就能更加高效地实现企业的整体目标。这样的企业才是真正意义上的团队。

> 任何企业都必须建立起真正的团队，并且把每个人的努力融合为共同的力量。企业的每一份子都有不同的贡献，但是所有的贡献都必须为了共同的目标。他们的努力必须凝聚到共同的方向，他们的贡献也必须紧密结合为整体，其中没有裂痕，没有摩擦，也没有不必要的重复努力。
>
> ——摘录于（美）彼得·德鲁克所著《管理的实践》

案例：ZARA 的战略对齐

因为很多人对战略的理解处于一个很模糊的状态，在这里我给大家分享一个关于战略对齐的经典案例，这个案例的对象企业是知名的快时尚国际服装品牌 ZARA。ZARA 的战略非常清晰，既然是“快时尚”，那核心当然是“快”。所以，ZARA 的战略就是构建一个快速反应的供应链体系。这个战略就是企业整体的改进方向。为了实现这个战略，企业的各部门必须跟公司的战略对齐，也就是说必须支撑这个战略的实现。

第一个部门是研发中心。既然要追求快速反应，就不能慢慢设计，最快的方式就是直接模仿当下最时尚、最流行的款式，为此 ZARA 每年准备了几千万欧元的侵权费[①]。如果被告侵权，而且官司失败了，就用这个预算来赔偿。同时，设计部门把设计要素进行了高度的标准化，这样，不需要太资深的设计师就能快速地设计产品。

第二个部门是制造部门。大家知道，如果要降低制造成本，最好的方式就是将衣料运到东南亚地区进行生产，因为人工费足够便宜，优衣库就是在东南亚生产的。但是，ZARA 的总部在西班牙，如果要运到东

① 这种做法从保护知识产权的角度来讲一直饱受争议，笔者并非赞同，此处只作为一个案例研究

南亚来生产，成本是降低了，但是生产周期也拉长了，这就不符合公司的战略。因此，ZARA 的生产基本上都是放在欧洲，例如罗马尼亚、保加利亚等周边国家，但是这样做制造成本肯定就大幅提高了。

第三个部门是物流部门。为了实现快速反应，欧洲的门店通过物流车直接运送，为了便于调度，ZARA 没有选用第三方物流，而是自建物流车队。北美和亚洲通过空运，而不是走海运，这就保证了即使刚刚在巴黎、米兰时装周走秀的最新潮的款式，最快只需要两周就能在北美或亚洲的门店里找到，你说快不快？但是这样做的代价是，物流部门的成本大幅上升。

第四个部门是营销中心。ZARA 全部采用直营门店，这就保证了信息沟通的顺畅，便于收集顾客需求，快速反馈给总部，及时进行相应的调整。

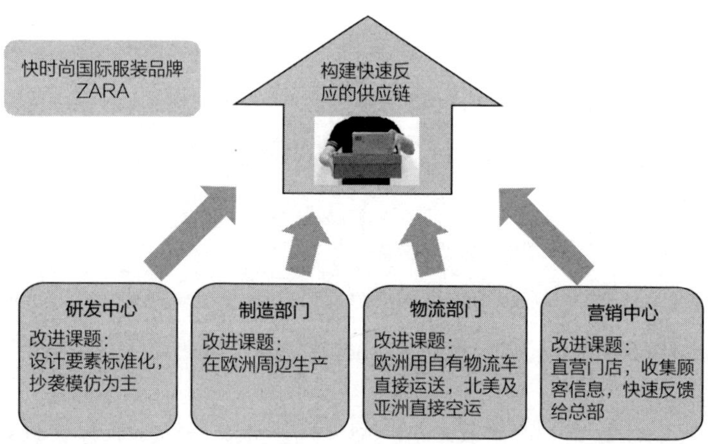

ZARA 有没有使用 OKR 我不知道，但是它一定使用了与 OKR 类似的思维，各部门的工作与公司的战略是高度对齐的。有一点可以肯定，单纯使用 KPI 对结果进行考核的企业，是很难具备这样的统一性的。

从 ZARA 这个案例里面，我们还可以看到战略的本质。战略的本质是“选择与集中”。对于很多企业来说，对部门的要求总是面面俱到，例如对于制造部门，我们既要求它们能快速交货，还要求它们提高品质，同时还要降低成本。有没有想过，这么高的要求，部门怎么做得到呢？所以，你设再多的 KPI 也是没有用的，只会把部门负责人搞得像是一只无头苍蝇，四处乱撞。而 ZARA 的战略对制造部门的要求只有一个，就是效率，要快，这就是选择与集中的精髓所在了。大家好好体会。

最后，我给大家看一看，实施 OKR 的企业，会变成什么样子。我在前面给大家看过，实施 KPI 的企业，大概率会形成一个“五马分尸图”。而实施 OKR 的企业就完全不同了，使用 OKR 的企业具备统一的目标，会是一个真正意义上的团队。

为了实现企业的整体目标，经营者要负责制定战略，这个战略就是企业的整体改进方向。有了这个改进方向，其他各个部门都要与这个方向对齐，寻找相应的改进课题来支撑企业的改进方向。经营者制定的改进方向就是战略，各部门制定的改进课题就是战术，战略细化为战术，然后才能落地实施。在这个过程中，OKR 就是用来清晰表达战略和战术的工具，也就是说 OKR 把战略和战术变得更透明了。

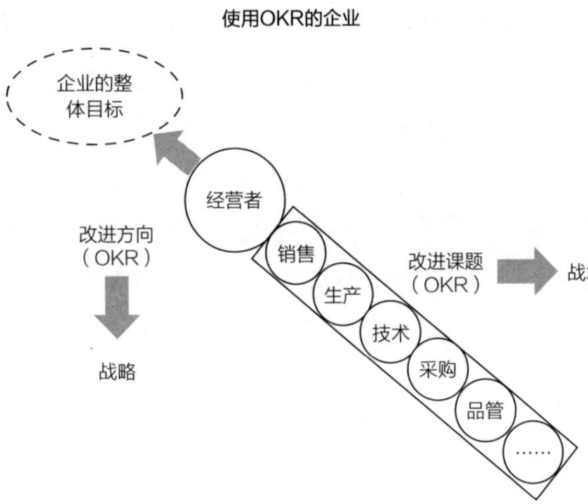

看到现在，可能有些读者已经着急了：为什么还不教我怎么制定 OKR？我想告诉大家的是，成功导入 OKR 的难点不在于如何制定 OKR，而在于其他方面。可能有人会说，不对，我们公司在导入 OKR 的时候，最大的问题就是各部门和各岗位员工不知道该如何制定 OKR。是的，这个问题我完全理解，但那只是表象。员工制定 OKR 有困难，并不是不了解 OKR 的表述方式，而是思路不清，没有头绪。所以，我必须首先帮助大家厘清思路和原理，而制定 OKR 这种工作反而不会是真正的阻碍。

第七章
成果主义和实力主义

培养人才

大家还记得前面讲过的那个 100 米跑的案例吗？在这个案例里，我们得到过一个重要的结论：积极性只是决定了能力发挥的水平，但是它不能决定绩效，真正能够决定绩效的是能力，能力的上限决定了绩效的上限。所以，如果我们想要提高绩效，就必须提高能力。

同时，我们也讲了：行为（过程）不变，结果（绩效）就不会变。想要改变结果（绩效），就必须改进行为（过程）。这就是所谓的过程改进。

综合上面两段话的内容，我们可以得到一个结论：**提高能力与改进过程是可以画等号的**。

我以前听到很多老板说要培养员工，可是我不知道他们所谓的“培养员工”到底是怎么做的。可能就是安排员工去上课，让员工参加各种各样的培训会。这样能培养员工吗？在你的实践中，通过这样的方式来培养员工，你认为效果怎么样呢？怕是不会太好吧。

其实，原理很简单，优秀的人才一定是在工作的实战中锻炼出来的，不可能是在会议室里培养出来的，会议室里充其量只能灌输知识。

在工作中如何锻炼呢？如果每天只是做一些例行的工作，能力是很难提升的，除非你经常去挑战一些高难度的工作。而 OKR 的作用就是帮助你把精力聚焦在一些高难度的工作上。日常性、例行性的工作是不需要列入 OKR 来管理的，只有关于改进和创新的工作才需要使用 OKR。

两种不同的价值观

为什么说运用 OKR 可以提高员工能力？这是由 OKR 的特征决定的。下面我们来进一步审视 OKR 的特征。

OKR 中文名称叫作“目标与关键结果”，在表达上分成两个部分：第一个部分是 O，也就是目标，表达的是“要追求何种理想状态？”第二部分是 KR，也就是关键结果，表达的是“如何衡量是否做到？”它是用来衡量 O 的，是对 O 的补充说明。

我们在前面也举了这样一个例子，还记得吗？

O	严格控制饮食
KR	KR1：卡路里摄取量不超过××千卡/天 KR2：糖分摄取量不超过××克/天 KR3：盐分摄取量不超过××克/天

上图中有三个 KR，那实际运用的时候每个 O 应该有几个 KR 呢？可能有人会告诉你，最好是 2～4 个，或者是 3～5 个。但是我要告诉你，没有限制，也不需要做这样的限制，一切根据你的目的和需要来，不要

呆板和生硬地去套公式。因为你不能根据这样的标准机械式地添加 KR，不要被形式化的东西束缚了你的思维。

当然，还会有人告诉你 KR 不能只有一个，如果只有一个，那么 OKR 就变成跟 KPI 一样了。这种说法更加荒谬。OKR 与 KPI 的根本区别在于企业的理念和价值观，不是仅依靠 KR 的数量来区别的。如果 OKR 与 KPI 的差别如此之微小，那实施 OKR 又有多大的价值呢？我接下来就会讲这个问题。我想说的是，如果你的 O 只需要一个 KR，那你就只用一个 KR，我们必须理解 OKR 的本质，然后活学活用，而不是生搬硬套。

我在这里把 KPI 和 OKR 做一个很直观的比较。我们经常提到“目标”这个词，但是目标这个词在 KPI 和 OKR 里面是完全不同的概念。在 KPI 里面，目标指的是 KPI 的设定值，是一个量化的数值。比如我在本书前面讲到的“目标如何才能定得准确”，这里的目标指的就是 KPI 的设定值。

OKR 所指的目标就是 O，指的是“对某种理想状态的追求”，既然要追求“某种理想状态”，那必然意味着改进，所以 OKR 是用来改进工作的工具，理由就在这里。这个跟 KPI 有本质的差别。**KPI 要求目标一定要量化，而 OKR 恰恰相反，要求 O 不要量化**。为什么不要量化呢？因为在这里，就是要专注于把你想追求的理想状态描述清楚，不要被数字干扰。在 OKR 里面，数字只是结果，我们要追求的重点不是结果，而是那个理想状态。你能看出这里面的根本区别吗？

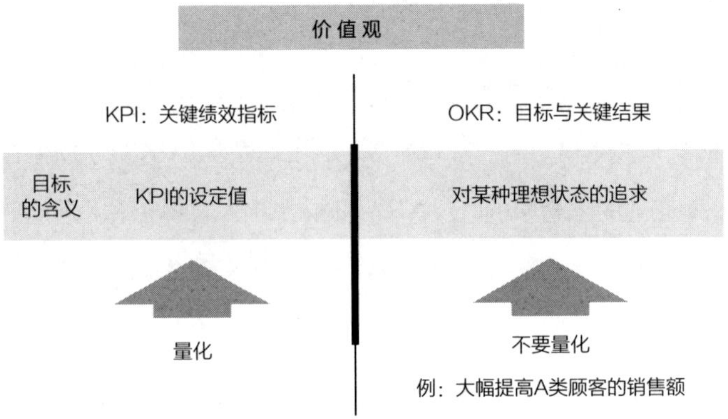

这里面的根本区别在于价值观的差别。在 KPI 的世界里，数字结果就是最重要的；而在 OKR 的世界里，理想状态的实现才是最重要的。这样讲可能很多人还是不明白。大家看下面这个案例。

假设你给自己设置了两个 KPI，第一个 KPI 是减肥 20 斤，第二个 KPI 是降血压 20%，这就意味着我所看重的就是实现这两个数字结果。

如果换成 OKR 呢？ O 是大幅改善体质，这就是我要追求的理想状态。KR 有两个，第一个是减肥 20 斤，第二个是降血压 20%。我用这两个 KR 来衡量 O。这两个 KR 从内容和数值上来讲跟前面两个 KPI 一模一样。但是，大家注意看，你认为下图中左右两边的 KPI 和 OKR 是一回事吗？运作起来的效果是一样的吗？答案是完全不同。

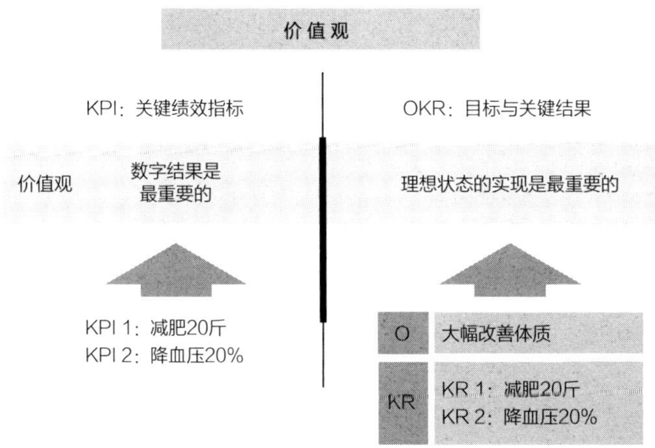

先看左边的 KPI，如果你的关注点在数字结果上，你会怎么做呢？就以减肥为例，可以达到减肥效果的手段有哪些呢？你第一想到的是什么？比如锻炼身体、控制饮食，对吗？但是锻炼身体太累，控制饮食太难受，在实际操作中你很可能不会选择这样做。那还有什么方法呢？仔细想想，想要减肥，手段太多了吧。比如可以吃减肥药，还可以通过手术治疗，例如抽脂，还有的方法更绝，叫作催吐。就是该吃的时候你依然放开吃，吃完之后再用一些办法把食物吐出来。是不是有点匪夷所思？但还真有很多人采用。

减肥的方法千奇百怪，但是无论是吃减肥药，还是抽脂、催吐，其实对身体或多或少会造成伤害，最后，减肥是成功了，但是体质被伤害了，而且好的习惯并没有形成，很有可能没过多久体重就会大幅反弹。我们在企业里面使用 KPI 的时候，这种情况经常发生。员工为了实现 KPI 而不择手段，最后伤了顾客、伤了企业，这是我们想要的吗？

再看一下右边的 OKR。你的目标是 O，大幅改善体质，这就锁定了一个大方向，意味着你绝对不能采用伤害体质的手段。虽然你的两个 KR 跟左边的 KPI 是一样的，但是很显然，你实现减肥 20 斤和降血压 20% 的方法一定是能够改善体质的方法，因为你的目标是改善体质，而不是伤害体质。

看到这里，你能明白 KPI 和 OKR 在本质上的差异了吧？那些说 KR 至少要有 2 个以上，如果只有 1 个就跟 KPI 一样了。你知道这样的话有多荒谬了吧？

案例：平庸的销售人员

好，再回到前面的话题上来，为什么说运用 OKR 就能提高员工的能力？因为 O 提供了一个聚焦的重点，使得员工可以保持定力，在一个方向上持续地钻研改进。KPI 是很难聚焦的，因为使用 KPI 的人，焦点都在数字上，而不在某个改进的方向上。大家再看下面这个例子。

O	提高A类顾客购买甲产品的销售额
KR	KR1：销售额≥10万元 KR2：甲产品销售单价不低于1000元/件

如果我的 O 是提高 A 类顾客购买甲产品的销售额，KR 有两个，第一个是销售额大于等于 10 万元；第二个是甲产品的销售单价不低于 1000 元。我们先分析一下这个 OKR。首先，为什么要特别提高 A 类顾客的销售额呢？原因可能是 A 类顾客具有很大的发展潜力，我们必须集中精力拿下 A 类顾客；其次，为什么一定要让 A 类顾客购买甲产品？原因可能是甲产品是企业的主打产品，希望通过在 A 类顾客中销售，以快速提高市场占有率；最后，KR 里面还有一个限制条件，甲产品的销售单价不能低于 1000 元 / 件。为什么要有这个限制条件呢？原因可能是企业希望通过甲产品建立品牌影响力，所以不能轻易降价，必须保有价格底

线。大家看到了吧，我们通过这个 OKR 实际上可以比较清楚地了解一家公司的战略。

如果销售人员要实现这个 OKR，就必须关注三个要点：第一，必须向 A 类顾客销售；第二，必须卖甲产品；第三，单价不得低于 1000 元 / 件。大家要知道，OKR 是不列入日常工作的，也就是说，OKR 里面列入的内容都是有挑战性的，是我们要追求的理想状态。这就意味着，当销售人员去落实这三个要点的时候，很可能会遇到难题和阻碍，不会轻易做到。但是因为 OKR 有聚焦的作用，所以销售人员没有别的选择，只能想办法解决遇到的阻碍，不断地改进他们的销售方式，最终完成这个 OKR。

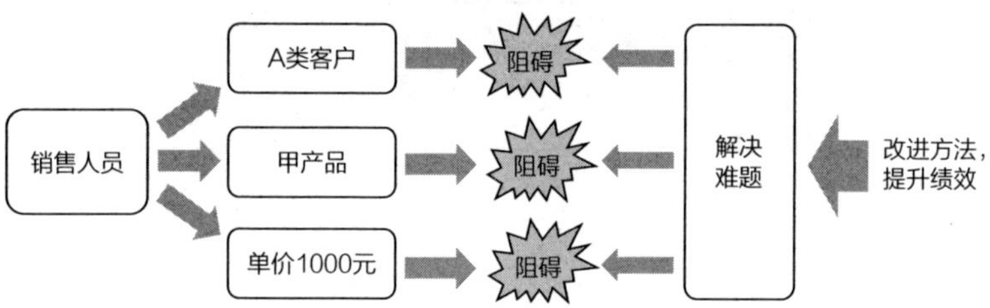

大家想想看，在这个过程中，销售人员的能力是不是得到提升了呢？如果 A 类顾客都是一些很难啃的硬骨头，销售人员通过自己的努力最终实现了销售，对于销售人员来说，会不会产生巨大的成就感呢？这种成就感会不会驱动他们去挑战更高难度的工作呢？这就是我们所说的自驱力。

如果换成 KPI 会怎么样呢？如果换成 KPI，这个 KPI 很可能就是“实现销售额 10 万元”。当然了，假设公司依然想把甲产品卖给 A 类顾客，并要求单价不低于 1000 元 / 件。这个时候公司会怎么做呢？大概率会使用一个差异化的提成比例，例如，如果销售人员的销售业绩符合 A 类顾客、甲产品、单价不低于 1000 元 / 件这些要求，可以适用于相对较高的提成比例，如果不能满足这些条件，所获得的销售业绩按照较低的提成比例执行。是这样的吧？

看上去挺有道理的，但是在实际实施过程中，通常达不到我们预期的效果。因为销售人员内心也在算一笔账，虽然满足条件的提成比例较高，但是实施的难度也大啊，把宝压在上面是不是风险太大了呢？

所以，当销售人员把产品卖给 A 类顾客的时候，一定会遇到阻碍，这个时候，销售人员就会转向 B 类顾客或 C 类顾客；当销售人员销售甲产品的时候，也会遇到阻碍，销售人员就会立刻去销售乙产品和丙产品；当销售人员遇到顾客说产品卖 1000 元太贵的时候，销售人员为了尽快获得业绩，就会立刻降价到 900 元甚至 800 元。

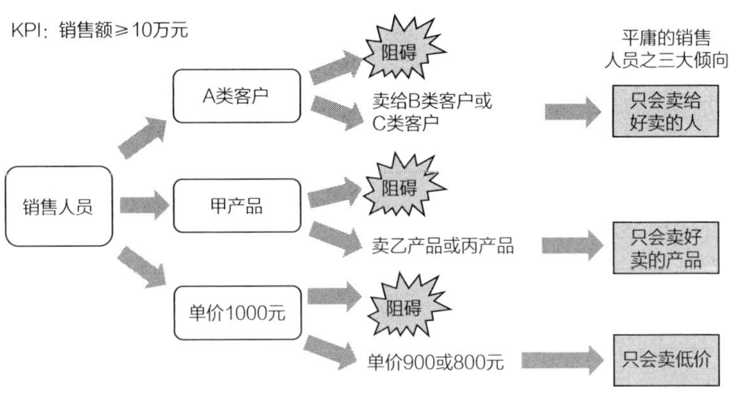

最后，实施 KPI 的企业，除了少部分确实有天赋的销售精英之外，大部分销售人员都会变得非常平庸。这种平庸有三大倾向：第一，只会卖给好卖的顾客；第二，只会卖好卖的产品；第三，只会卖低价。想想看，在你们企业里的销售人员，是不是有很多这样的人？培养不出有能力的销售人员，企业怎么能持续地拿到高业绩呢？

可能有人会想，为什么会有这样的一个 OKR 呢？其实这个 OKR 来自企业的战略。OKR 能让企业的焦点始终保持在锁定的方向上，保持足够的专注力，因此能够确保战略的落地。所以，**OKR 是战略管理、战略落地的最佳工具**。而使用 KPI 的企业，往往就会出现执行力不佳的问题，原因就在于，**使用 KPI 的企业缺乏方向聚焦，员工遇到困难不是想办法尽力解决，而是想办法绕开困难，因为员工只想要结果**。而企业真正想要的是战略目标的实现。对于那些实施 KPI 的企业来说，再好的战略都有极大可能半途夭折。

案例："巨额奖励"该不该？

为什么 KPI 和 OKR 会有这么大的区别？原因就在于 KPI 的价值观叫作"成果主义"，所有人的眼睛只盯着成果，所有人的收入只跟成果挂钩，那自然就没有人关心过程了。而 OKR 的价值观是完全不同的，OKR 是以不断地改进关键过程为核心，最终实现理想状态。在这个过程中，员工的能力提升了，企业的竞争力也提升了。所以，我把这种价值观称为"实力主义"。其实，优秀的企业，大多关注过程改进，反对成果主义，崇尚实力主义。

> 京瓷的经营遵循实力主义，而欧美有很多企业却采取成果主义。成果主义是将薪酬与工作成果直接挂钩，采取激发员工物欲的方法。在这样一种人事制度下，如果取得巨大成就，就能得到巨额报酬，如果不能提升业绩，则会被减薪甚至被解雇。
>
> 我很早以前就认为经营者必须具备能够洞察他人心理的能力。业绩提升了就能得到高报酬，能够调动员工的积极性，从短期来看，成果主义或许是有效的经营方法。但是，业绩不可能一直上升，总会有回落的时候。人的心理是很不可思议的，

一旦业绩提升并拿到高额报酬之后，就会在无意中习以为常。所以当业绩恶化、报酬减少时，“由于业绩不好，所以减薪理所当然”这么理性思考的人几乎不存在。于是，士气会一蹶不振，对公司的不满也会日益郁积，公司经营也就不可能取得成功。

——摘录于（日）稻盛和夫所著《阿米巴经营》

其实，不仅是日本企业，现在很多欧美企业，也已经看到成果主义造成的危害，纷纷开始转变。源自英特尔和谷歌的 OKR 就是脱离成果主义的明证。很多人不明白为什么 OKR 强调不能直接用 KR 的量化值来进行绩效考核，除了大部分人已知的原因之外，还有价值判断层面的原因。因为你看重的是 O，不是 KR，为什么要直接去考核 KR 的量化值呢？这不是舍本逐末吗？

有人说，如果不直接考核业绩成果，不让业绩成果与员工收入挂钩，OKR 基本不可能实施下去。还有人曾经给我举了个“无法反驳”的例子，说如果一个销售人员拿回来一个大单，你难道不给他相应的巨额奖励吗？如果你不给他相应的巨额奖励，那他以后就再也没有积极性去帮公司拿大单了，那公司岂不是损失惨重了吗？我相信对此心中有疑问的人一定不在少数。其实，销售人员拿回一个大单，该不该给他巨额奖励，该给多少，以什么形式给，这是薪酬管理的问题，它跟绩效管理是两个不同的问题。大家千万不要认为我不赞同给员工发高工资，恰恰相反，我非常赞同一定要提高员工的收入。但是员工收入要提高，前提是企业的绩效一定要持续提高，不然根本无法满足员工收入提高的需求。所以，首先通过绩效管理来提高企业的绩效就成了当务之急。但是，现在很多企业干了一件不正确的事情，就是把“绩效”和“薪酬”绑定在一起，当然如果你只是绑定在一起也不一定就不行（我知道也有部分优秀企业是将两者绑定在一起的），问题就在于你把它们绑定在一起的目的是想跳过“过程”直接追求“结果”（绝大多数企业都是这么想的），因为你的如意算盘是“员工绩效越好，收入越高，所以员工一定会尽最大努力提高绩效”，这种想法会让企业彻底放弃过程管理。你没有想到的是，员工想不想努力是一回事，有没有能力做到又是另一回事，没有了过程管理，就相当于把企业的命运推给员工来掌控，企业的业绩好坏只能是听天由命。

我们再来看看“销售人员拿回大单”这件事，你有没有想过，虽然销售人员拿回了大单，但是过程是合理的吗？有没有可能仅仅是凭一时的运气，或者主要成功因素并不在于他，他只是干了他平时该干的基本工作而已，他的工作能力并没有任何提升，这种“巨额奖励”的意义何在？你到底在奖励什么？奖励他运气好吗？甚至，为了拿下这个大单，他会不会采用了一些不正当的手段，伤害了客户或企业的利益？这些你都不关心吗？你也许会说：“如果不给他巨额奖励，他以后对于类似的销售机会就不再上心，会导致公司遭受损失。”问题是，他上不上心，作为领导你不知道吗？既然是“大单”，这么重要的工作，你不做过程管控吗？就指望着员工自己想办法解决？万一他的办法不够好呢？这跟等着天上掉馅饼有什么区别？还有人会想，假设这个销售人员真的是个有能力的人才，还有必要做过程管控吗？答案是当然需要。你想想看，一个有能力帮你拿下大单的销售精英人才，他的销售过程不是比销售业绩更值钱吗？你务必要仔细研究，甚至“肢解”了他的销售过程，把他的销售经验认真总结下来，用它来培养其他销售人员。难道你还想靠这一个人帮你拿一辈子的业绩？万一他有一天离职了怎么办？或者，万一他有一天“功高震主”，带给企业的恐怕会是灾难。

第八章

共创OR集中

案例：Intel 为何业绩下滑？

大家知道，谷歌、字节跳动这些国内外优秀企业导入 OKR 都获得了很大的成功，所以很多人就在想，只要我的企业模仿它们的具体做法，是不是也能取得类似的成功呢？就算不能取得跟它们一样的成功，那肯定也会突飞猛进吧。但是在这里，我要给大家泼一盆冷水：即使你的 OKR 做得跟谷歌、字节跳动一模一样，你的企业也不一定能有什么起色，甚至还有可能产生较大的副作用。有些人很疑惑：为什么会这样呢？这些企业的成功难道不是因为 OKR 吗？我告诉大家，还真不是。这么说吧，对于这些企业的成功，OKR 只是催化剂，不是最核心的要素。

大家知道 OKR 的创建者叫安迪·格鲁夫，是英特尔的创始人之一。英特尔公司直到现在依然在全方位实践 OKR，可以说 OKR 已经是英特尔企业文化的一部分。从常理上来讲，英特尔公司的 OKR 不可能做得不好。但是英特尔的现状是什么呢？现在的英特尔正遭受十年以来最严重的危机，业绩大幅下滑，同时大举裁员。甚至在自己最擅长的计算机芯片领域也失去了领先地位，市场地位正逐步被自己的竞争对手 AMD 和苹果公司取代。英特尔为什么会衰落到如此境地？这和它在战略选择上的失误有关，例如：没能跟上智能手机时代的变革，放弃晶圆生产导致制程工艺落后等。英特尔的现状告诉我们一个真相：OKR 虽然是一个重要的绩效管理工具，但是它仅仅也只是工具，企业不能单靠一个工具来提高绩效。工具只能提高实施效率，不能决定最终的成败。

不知道大家以前有没有做过这样的选择题："做正确的事"和"正确地做事"哪个更重要？"做正确的事"是路径选择的问题，是方向的问题；而"正确地做事"是工具和方法的问题。工具和方法只能决定效率，也就是快或者慢、彻底或不彻底。但如果路径选错了，即使工具和方法再好，也会最终失败。路径和方向就是战略，工具和方法就是 OKR。

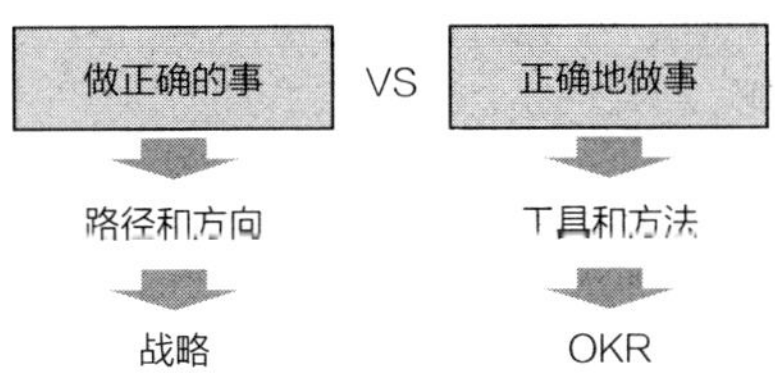

大家再看下面这个图。你的企业就是这艘巨轮。现在有两个方向选择，如果选择 A 箭头代表的方向，就能到达胜利的彼岸；如果不幸选择了 B 箭头代表的方向，船就会撞上暗礁。A 箭头和 B 箭头代表了不同的战略选择，那 OKR 是什么呢？ OKR 就是这艘船的装备和配置，装备和配置越好，船的航行效率越高。

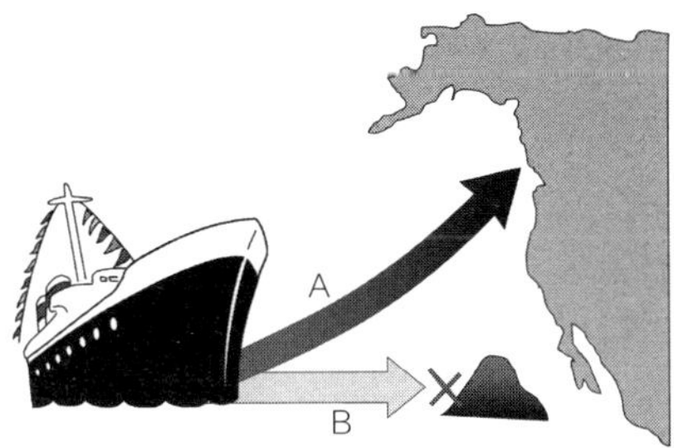

所以，大家一定要明白，OKR 只是绩效管理的工具，它本身并不会实现改进，而是因为企业有了战略，而 OKR 又承接了战略，所以才有了改进。另一方面来说，**如果企业没有战略，或者战略不清晰，又或者战略选择有偏差，即便很好地实施了 OKR，也得不到预想的结果。**

我们再换个角度来看，战略的本质就是“选择与集中”。所谓选择，就是选择改进的方向；所谓集中，就是指集中精力和资源。所以，战略的重要性就体现在必须选择正确的改进方向，然后才能聚焦，才能把所有的精力和资源都集中在这个正确的方向上，从而产生爆发力。而 OKR 的作用，就是运用透明、对齐、过程跟踪等机制和手段将战略彻底地执行，最终因为关键过程得到改进而提高了绩效。可以说，OKR 的作用，就在于大大地提高企业战略的执行力。

所以，谷歌也好，字节跳动也罢，表面上看，它们的 OKR 都运转得很不错，这首先说明了这些企业的战略执行力是非常好的。但是它们的成功本质上还是源于战略选择上的成功；如果有一天，它们在战略选择上犯了错，无论 OKR 做得有多好，企业都会走向衰落，就像英特尔现在那样。

案例：H 公司的战略

《OKR：源于英特尔和谷歌的目标管理利器》一书中有这么一句话，对战略与 OKR 之间的关系做了清晰的说明：**"你的 OKR 应当源于战略，这是 OKR 能否成功的关键保障，因此在你开始实施 OKR 前应该确保这一点。"**看到了吧，OKR 最终能否成功的关键保障就是战略。但是，我看到的情况是，绝大多数企业在制定战略的时候都很草率，大家把更多的时间和精力都花在制定 O 和 KR 上，花在对于书写格式的讨论上，或者花在各种对齐和达成共识的会议上。可以这么说，99% 的企业战略都经不起推敲。绝大多数实施 OKR 的企业，之所以不成功，根本原因不在 OKR 本身，而在于战略。我这么说，可能很多人不以为然，下面我给大家讲一个我自己亲自辅导的案例。

我有一个客户是从事草鱼养殖业的，是国内最大的草鱼养殖企业，我在这里称它为 H 公司。我们给它做咨询之前，它自己制定的年度战略的方向是：大幅减少鱼病问题、形体问题和品质问题。

我前面讲过，所谓战略就是选择一个企业整体改进的方向。H 公司为什么会制定这样的战略方向呢？原因很简单，所谓鱼病问题、形体问题和品质问题，都是它的客户经常投诉的问题，H 公司希望能尽快改善这些问题，于是就制定了这样的战略。看上去好像没有任何不妥，但是如果你仔细推敲，这样的战略其实是很不妥的。下面是我和 H 公司老板的对话，大家可以自行感悟。

我：你们现在的业绩瓶颈是什么？

老板：我认为就是顾客投诉太多，比如鱼病问题、鱼的形体问题、品质问题。

我：这些问题容易解决吗？

老板：肯定不容易啊，需要投入很多人力、物力和财力。

我：投入了这么多资源，先不说这些问题能不能解决，就算真的解决了，业绩能提高多少？

老板想了半天，回答：这些问题的改善只能减少顾客的抱怨和投诉，业绩能提高多少不确定。

我：你投入这么多资源来解决顾客投诉问题，业绩却不一定能提高，这样做可持续吗？

老板立刻陷入了沉思。过了一会儿，他满脸疑惑地问我：照这么说，我的这个战略方向肯定有问题。那该怎么调整呢？

我：你们的销售情况怎么样？

老板：我们是国内最大的草鱼养殖企业，经销商都是优先在我们这里拿货，所以销售是不愁的。如果我们卖不动，别人就更卖不动了。

我：既然销售不愁，为什么不提高产量？产量如果能大幅提高，企业业绩不就能大幅提高了吗？

老板：我现在的固定资产规模已经够庞大了，我不想再投资更多的鱼塘了。

我：能不能尝试利用现有的鱼塘增加产量？

老板：这不可能，一口鱼塘养多少鱼是有上限的，养多了的话，鱼的品质会出问题。

我说：这会不会是一个思维上的局限呢？如果我们想办法改善现有的养殖条件，说不定一口鱼塘就能养更多的鱼。

老板沉思了很长时间，最后回答我：确实可以试一试。

以上就是我和这个老板见面时的对话。后来老板把 H 公司的战略调整为“大幅提高鱼塘的产量”。结果连续三年，每年产量提升 30%，又恰好遇到 2021 年鱼价大幅上涨，比上一年翻了一倍还多，你算一下，H 公司最近三年的业绩总共增长了多少？不仅业绩大幅提高了，由于 H 公司在提高鱼塘产量的同时进行了大量的技术开发，因此又形成了自己的核心技术，竞争对手即便想要模仿，也不是那么简单的了。

OKR 想要实施成功的关键点和难点都在于战略，如果战略出现了偏差，想要通过 OKR 实现成功是很难的。

透过现象看本质

战略对于成功实施 OKR 如此之重要，但是，偏偏企业经常在战略选择上出现失误。想要正确地制定战略，必须对企业的经营现状以及背后的原因有深刻的认识，这样才能发掘本质，不会被表面现象所欺骗。同时，还要对战略制定的客观规律有较为深刻的理解。这无疑对企业的经营者提出了很高的要求。

我曾经拜访过广东一家中小型企业的老板，在 1 个多小时的沟通里，她不断地抱怨下面的中层管理干部，说公司内几乎所有的改进工作都是她亲自推动，中层管理干部普遍缺乏主动性，似乎只会做一些按部就班的例行工作，完全没有改进意识，这让她颇为苦恼。当我问及她的公司在接下来一年中的重点工作规划时，她斩钉截铁地回答，最主要的工作就是改变中层管理干部的工作意识，让他们不再被动麻木地工作。我说，你认为改变他们容易吗？她说，肯定不容易，但是再难也要做，不然企业没有未来。我又问：如果他们真的都改变了，变得积极主动，你觉得公司的业绩能因此增长多少？这个问题让她瞬间清醒过来，她思考良久，无法回答。

所谓战略规划，考虑的是未来最重要的工作。如何去找到这些最重要的工作呢？这是一个必须理性思考的过程，要对企业存在的问题进行本质性的思考，不能只看表面现象。同时，还必须理解制定战略的科学流程，按照这个科学流程来进行决策。但是，很多老板没有意识到战略思考的复杂性，他们总觉得自己对企业的情况非常了解，往往会根据他们眼睛看到的问题做出判断，而这些判断往往都是极其感性的。

通常来说，OKR 会承接企业的年度战略。而年度战略必须考虑企业业绩增长的问题。大家试想一下，当全体员工根据公司的战略而制定了 OKR 时，就意味着全体员工在接下来一年中都要为完成这些 OKR 而拼搏奋斗，假如大多数人都高质量地完成了自己的 OKR，你是不是需要在薪酬上对这些员工予以相应的承认？但如果这些人的 OKR 与企业的业绩增长没有直接和明确的关系，你认为这种做法可以持续下去吗？

我曾经看到很多企业里面有各种各样的 OKR，例如“提高沟通效率”“建立高效流程”“改善服务品质”“提升管理能力”，类似的工作如果要在企业里面找，可以无穷无尽，要多少有多少，可是这些工作真的都有必要去完成吗？**你必须问一句：“这些工作做完了，企业的业绩能因此增长多少？”这是“灵魂拷问”，很多老板被这么一问，就会瞬间清醒。**

别乱用“头脑风暴”

你必须深刻地认识到：制定企业战略是一项非常科学严谨的工作，必须慎重地去做。但是，我却看到很多企业在制定战略的时候，采取了团队“共创”的方式。所谓共创，就是很多人在一起，共同思考，共同创造，达成共识。说得再简单直白一些就是头脑风暴。甚至有很多战略咨询公司也用这种方法来帮助企业制定战略。它们把客户企业的中高层管理人员召集起来，通过会议让大家充分讨论，最后整理出公司的战略。我自己在创业之前，也接触过这样的战略咨询公司，刚开始我也会疑惑，我想：如果我们自己就能讨论出正确的战略来，还要找咨询公司干什么？但是这些咨询公司的答复也很理直气壮：企业的战略只有自己企业的人才更清楚，咨询公司只负责提供工具和流程。结果，用这种所谓“共创”的方法制定出来的战略根本没办法执行下去，最后花了几十万元的咨询费，还是不了了之。

可以进行共创的工作是有限定范围的，不是什么工作都可以共创的。例如，我要设计一个水杯的外形，要设计成什么样呢？这个可以共创，因为设计外观造型主要依靠创造力，采用共创的方式，可以发散思维，打开思路。但是，**制定战略必须符合客观的现实和规律，凡是这种**

依托于客观现实和规律的工作都不可以直接通过共创的方式来完成。

共创的过程是感性的、发散的，而决策的形成是理性的、客观的。用共创的方式来制定战略，强调从每个人的观点中去寻找共识，这样很容易诱发感性思维，一般人都会首先强调自己感觉上认为最重要的事情，但是这些事情很可能只是源于他看到的一些表象上的问题，而不是本质的、根源的问题。比如前面我提到的案例。

而且，战略的考虑必须是全局性的。如果让各部门负责人参与共创战略，他们往往会站在自己部门的角度来考虑问题，比如认为自己部门所面临的问题最需要立刻解决，这样，战略就变成了一锅大杂烩。这样的战略有多大可能会是正确的战略呢？

我举个例子。比如英国是否脱欧，你可以理解为这就是一次战略选择。西方崇尚民主，所以让全体公民投票来决定，这本质上也算是“共创”了。一方面，大家投票的时候都是感性的，如果有人在网上煽风点火，引导舆论，就很可能影响投票的结果。另一方面，每个公民投票的时候，考虑的都是脱欧对他自己是否有好处，而不是对整个国家是否有好处。所以，这样公投的结果是完全不可预料的，很可能不是一个理性和最优的选择。

战略选择其实就是一个决策，想要获得一个正确的决策，显然不能只是共创这么简单，必须符合一定的科学流程。比如，首先要收集相关信息和数据，然后对这些信息和数据进行分类统计，从中找出主要的问题，分析问题形成的根本原因，最后，根据找到的根本原因形成决策。这样严谨的过程，怎么可能用共创的方式来完成呢？

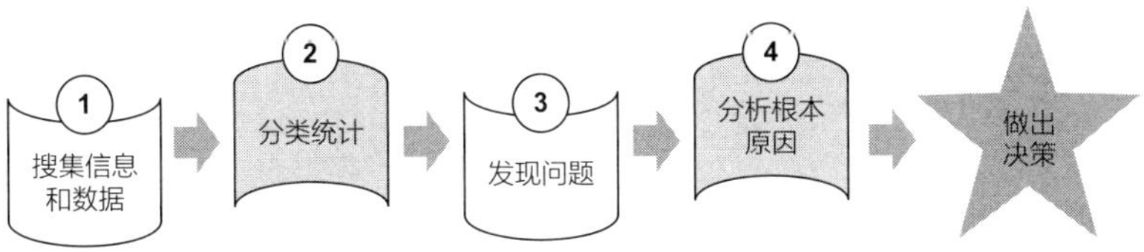

所以，不仅是战略不适合采用共创方式，公司 OKR、团队 OKR 的制定都不适合采用共创。很多人以为只要让员工参与共创 OKR 的过程，员工就会对 OKR 更加支持和认同，这纯粹是一厢情愿，你只要认真观察实践的过程，就会知道这种想法有多不靠谱。我们人生中不知道亲自参与制定了多少决定或决策，刚开始信誓旦旦，到后来又反悔、不愿接受的例子多如牛毛。员工是否会更加支持和认同，取决于员工是否能通过实践认识到这一决策的正确性。如果员工通过实践认识到这一决策的正确性，就会坚定信心，义无反顾地执行下去。反之，如果员工发现这一决策落实的阻力很大，或实施效果与当初的预期差异太大，就会备受打击，执行的动力就会一落千丈。

诸葛亮因刘备三顾茅庐而出山的时候，关羽和张飞都不服他，表现出不屑一顾的态度。如果诸葛亮为了安抚关羽和张飞，就会让他们一起“共创”作战方针，问题是这样做真的行得通吗？所以，诸葛亮并没有这么做，而是根据自己对客观现实和规律的把握制定了作战方针，而关羽和张飞只要负责执行就好了。虽然刚开始时关羽和张飞表现得半信半疑，但通过连续取得几次战斗的胜利，他们很快就心服口服，甘愿接受诸葛亮的任何差遣了。所以，你要明白，如果你真的想让团队更有凝聚力，尽可能确保战略和 OKR 的正确性才是第一位的。要做到这一点，各级领导必须展现出自己的决策力和领导力。

为了安抚员工，而把员工强行拉进决策的过程，把本该由少数人通过研究分析并科学决策的过程变成了一群人七嘴八舌的讨论，这样做真的对吗？战略也好，OKR 也罢，都是企业的目标，都是企业的前进方向，如此具有决定性的事情是不能通过七嘴八舌的讨论来决定的，只能由那些对客观现实和规律有深刻洞察，且具备大局观的人来谋划和制定。

> 一些专家可能会告诉你，要完成这一步（创建 OKR），你需要召集团队成员聚到一起——无论是公司层面的 OKR 还是团队层面的 OKR 均是如此。先拿出一张空白标记纸，站在一张活动挂图前，大呼一声“开始”，于是就启动了一场经典的头脑风暴会议。很快，一个能引起大家广泛共鸣的想法被提出来，节奏之快超乎你想象。但我们不是这些专家，我们不建议你这么做。
>
> 大型的头脑风暴已被广泛接受，成为很多公司研讨文化的一部分，但最近有些研究表明该过程存在很多缺陷。让我们先从参与头脑风暴的人数说起，我们通常会相信一个堂而皇之的理由：把人们卷入到该过程中来意味着他们会更愿意接受和支持所创建的 OKR。这可能是一个很有价值的理论，但却与社会

科学家所呈现的事实相矛盾。社会科学家得出的结论是：群体规模越大，头脑风暴的结果越差。

——（美）保罗·R. 尼文 & 本·拉莫尔特所著

《OKR：源于英特尔和谷歌的目标管理利器》

真理掌握在少数人手中

如果战略不能“共创”，那该用什么样的办法来制定战略呢？欧美国家崇尚绝对的民主，而中国采用的是“民主集中制”原则，这也是根据马克思唯物主义理论建立起来的科学的决策机制。简单来说，就是三个步骤：先集中，再民主，最后再集中。先集中，就是指最初的战略企划一定要让少数人来做，这个少数人当然一定是最了解企业现状的人或者是掌握了战略制定的客观规律的人。因为只有这样的人才能从全局出发、从问题的本质出发来考虑战略。这样的人会是谁呢？例如经营者、经营管理部或者是战略咨询机构的顾问。为什么战略企划一定要少数人来做呢？因为只有少数人参与企划，才能全面地收集信息，冷静地分析思考，人越多，越浮躁、越感性。当然，还有另外一个更重要的原因：率先看透问题本质的人通常都是少数人，大多数人只能看到表象。所以列宁有一句名言：真理往往掌握在少数人手中。

战略企划做好之后，就要进行讨论完善。这个时候就可以发挥民主，召集所有的高层、中层来进行讨论。但是这里要注意，讨论并不是针对决策本身，而是针对决策形成的过程。例如，大家不能直接讨论到底是脱欧还是不脱欧，这样的讨论没有意义。大家需要讨论的是，收集到的信息和数据有没有偏差？中间推论和最终结论的分析逻辑是不是存在问题？等等。当然，在事实和逻辑清楚的前提下，对于决策中可以发挥创造力的地方也可以适当开展一定程度的头脑风暴，这个并不绝对，不要僵化地操作。总之，所谓民主，就是大家一起来完善整个决策形成的过程，如果这个过程没有问题，那么大家对于决策本身就一定可以形成共识。

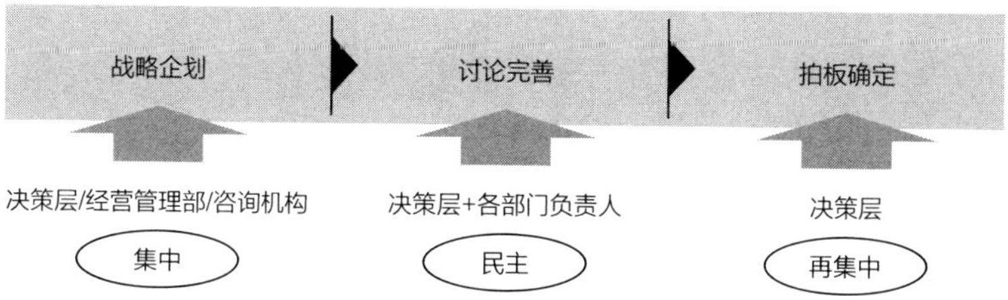

最后，决策层进行拍板，这就是“再集中”。这个时候，由于信息和数据客观准确，分析和推理逻辑清晰，进行拍板确定就是顺理成章的事情了。

战略是 OKR 的“根”，说它有多重要都不为过。我早期曾在线下推广关于“方针管理”的课程。后来，为了让更多人了解我所推广的理论，我把“方针管理”改名为“方针 OKR”。这个表达是有双关性的。

首先，从字面意思来看，方针就是“方向”和“指针”。方向就是 O，指针就是 KR，所以方针从字面意思上就等同于 OKR。另一方面，方针这个词是有具体含义的，方针即战略，方针是日本企业的说法。所以，方针管理就是战略管理，你可以理解为“日本企业的 OKR”。

之所以叫作“方针 OKR”，其实就是想提醒大家,OKR 想要做成功，必须有正确的方针。如果方针出了问题，无论 OKR 做成什么样，最后只能得到错误的结果。所以，我们在给客户企业提供 OKR 咨询服务的时候，首先会花大量的时间和精力来确认方针，我们会协助客户企业对方针进行反复的推敲和梳理，直到我们再也找不到逻辑上的漏洞为止。以这样的方针为基础，制定 OKR 就会更加得心应手，而且也更容易做出显著的效果来。

第九章 让战略更透明

为何要公开 OKR？

如果你以前了解过 OKR，可能知道 OKR 有一项特征是公开透明。我一直认为很多人对于公开透明的理解是有偏差的。其实，哪怕是实施 KPI 考核的企业，根据我所见到的情况，绝大多数也都是公开透明的。因为将 KPI 作为秘密来隐藏实在没有多大的必要性，甚至很多企业制定完 KPI 之后，还会举行“誓师大会”来发表各部门的 KPI。更有一些企业，不仅公开 KPI，甚至连考核结果都是公开的。所以，说“公开透明”是 OKR 的一项独有的特色有点名不副实。

还有人说，公开 OKR 可以提升员工的公平感和敬业度。比如任何一名员工都可以随意地查看同事、上级甚至是 CEO 的 OKR，这样可以更客观地了解其他人的工作情况，从而提升内心的公平感。当员工看到别人制定了具有挑战性的目标，并且成功实现了目标的时候，会激励这名员工制定更有挑战性的目标，激励他更加投入地工作。其实这些说法都有些想当然，或者说一厢情愿，真实的情况大多不是这样。首先，员工有多大的兴趣去关心别人的工作情况呢？这要打个问号。其次，当员工看到别人的 OKR 和工作情况时，你能保证他内心的想法都是正面、积极的吗？讲这个话的人显然还是不太了解人性。很多人看到别人设置高目标时，内心并不是想着：我也要像他一样；而是：他的情况跟我不一样，我的工作比他复杂、比他困难。当看到别人取得成功时，内心想的也并不是：他太了不起了，他是我的榜样；而是：他运气好而已，或者：他手上的资源比我丰富。你不能不承认，会这样想的人绝对不是少数。所以，我们没有必要让员工去做这样的关注和比较，所谓 OKR 的"公开透明"也不是这个意思。

真正需要公开透明的不是 OKR，而是企业的战略。当然，战略公开透明了，OKR 自然也是公开透明的，OKR 的公开透明是为了对齐。

前面我们讲了绩效产生的原理，大家应该明白：行为不变，结果就不会变。在企业里面，如果没有改进，绩效就不可能提高。通常情况下，员工是不会自行改进的，必须由企业进行牵引，员工才可能去改进。而企业进行牵引的核心手段，就是通过战略。所以，没有战略，就没有改进，就不能提高企业的业绩。

如果你问一家企业的老板，你有没有战略，我相信绝大多数企业的老板都不会承认自己没有战略。但是如果你再问问员工，哪怕是中高层员工，你问他公司的战略是什么，恐怕能说清楚的没几个。所以，如果老板真的有战略，而且思路清晰，就应该把它描述出来，把它透明化，让企业的员工都能看得见。把战略透明化的工具就是 OKR。

搭建经营架构

企业经营其实有一个完整的架构。

原则上，每一家企业应该首先建立自己的使命。使命对企业来说，回答了这样的问题：我们存在的意义是什么？使命原则上是永远不变的，如果非要加上一个期限的话，那至少是 50 年。有些人会觉得使命是很空洞的，只是一些口号而已，其实不是。在日本有很多百年企业，这些企业都是因为有着清晰明确的使命才能屹立百年而不倒的。你现在还意识不到使命的价值，那是因为你的实践还是太少了，所以感悟不到。为什么企业要有使命？因为使命是驱动"改进"的源动力。我举个简单的例子，比如你开了一家餐馆，这家餐馆因为概念新颖，吸引了很多顾客慕名前来，你非常满意这种状态，你认为只要餐馆赚大钱就说明一切都很完美，你不认为还需要什么改进，你会开始随风起舞，随波逐流。但是这种状态会永远持续下去吗？当然不会。我们常说逆水行舟，不进则退。慢慢地，随着模仿者越来越多，顾客也逐渐开始厌倦，餐馆的生意很可能开始走下坡路，甚至一落千丈。但是，如果你为餐馆建立了使命，情况就不同了。例如，你建立的使命是"提供让顾客永远吃不腻的健康、美味餐食"。只要你想到这个使命，就不会满足于当下的状态，你会思考如何向这个方向靠近，这个时候就会驱动改进。企业的目标是“完成使命”，而不是“赚钱”，赚钱只是“结果”，是完成使命过程中出现的阶段性结果。如果企业的目标是“赚钱”，那么只要企业有钱赚，老板就会觉得满足，就不会再有改进的动力，企业反而会日渐衰落。因此，使命就是我们的目标，而且是一个永远的目标，是我们的终极目标。而目标就是 OKR 的 O，所以，OKR 从根源上来说是与企业的使命连接在一起的。

但是使命这个终极目标毕竟太遥远了，我们要分出一些阶段来，这样才能确认每个阶段的改进成果，确保方向正确，同时坚定信心。

使命之下是愿景，愿景描述了企业未来的蓝图，这个蓝图也是比较长的，通常是 10～20 年，最短也应该有 5 年以上。同样，愿景也是企业的目标，驱动企业的改进。愿景之下就是战略，所谓战略，就是选择和集中，选择要改进的方向，并集中资源进行投入。战略可以分成两个部分，第一部分是中长期战略，周期一般是 3～5 年。第二个部分是年度战略，年度战略跟中长期战略最大的不同就是：中长期战略考虑的是企业未来如何盈利的问题；而年度战略考虑的是企业当下如何盈利的问题。当然，年度战略的周期就是 1 年以内。再往下就是 OKR 了，OKR 承接了战略所选择的改进方向，聚焦当下的目标和关键结果。OKR 通常是季度制定，通过月度和周度来进行总结和复盘。

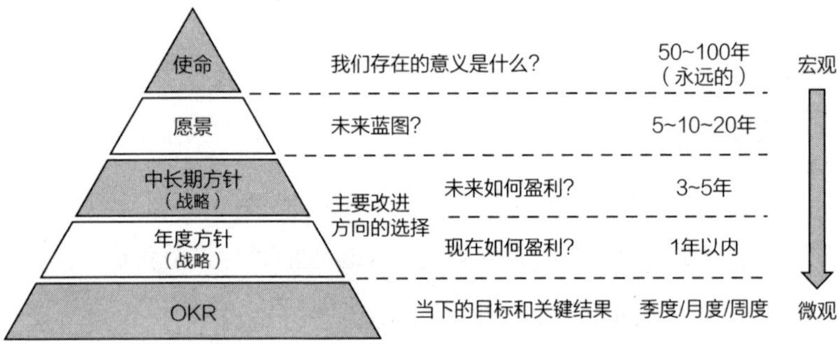

以上就是企业经营的完整框架。我们经常说不能只埋头拉车，还必须抬头看路。有了这样一个企业经营的框架，我们就把企业经营从宏观看到微观，既能高瞻远瞩，还能脚踏实地。那些世界 500 强企业，大多都是按照这样的框架在经营企业。但是，在实践中我发现，这个经营框架虽然在理论上很完美，但并不是说所有的企业只要照搬照套就可以了，操作中会遇到很多实际问题。例如，对于很多中小企业来说，往往看不到那么远，你非让它们去制定使命和远景，就等于赶鸭子上架，最后勉强写出来的东西连它们自己都不信。所以，如果企业的规模还不大，我一般不会要求它们看那么远。但是有一点，你至少要看清年度战略，如果连这个都看不到，只能说明企业的经营者和管理者对企业的经营现状太不了解了（说不太称职也不为过）。有多少企业还看不清年度战略呢？说实话，**在我的实践中，真正能看清年度战略的企业是极少数的。**因为大多数企业过去都是实施 KPI 的，只知道自己想要的结果是什么，但是要改进什么，却说不出来，即便能说出来，也经不起推敲。

在很多企业眼里，“战略”这个词意味着“假大空”“喊口号”，这里面其实有诸多的误解。在很多人心目中，“战略”就等同于“中长期战略”，对于一些中小企业来说，考虑当下的业绩无疑才是最现实的，“中长期战略”显然有些遥不可及，但是它们不知道的是，**即便只考虑当下的业绩，也是需要战略的，只不过这个战略叫作“年度战略”**。所谓“战略”，其实就是一套策略，说得再直白一点，就是明确“要对哪些方面进行改进”。比如，明年你要实现 1.5 亿元业绩目标（今年的业绩是 1 亿元），行不行呢？无所谓行不行，关键看你的策略是什么。那明年要实现 2 亿元或 3 亿元的目标行不行呢？有人说，这个目标太高了，不行。其实也不是不行，有些企业一年业绩翻几倍的都有，同样也是看你的策略是什么。我们要达成所有的目标都需要策略，公司层面的策略叫作战略，部门、团队或个人层面的策略叫作战术，战略是整体的，战术是局部的，战术是为了支撑战略的，战略通过战术来落地。有些企业的经营者通常会根据自己对行业的看法描述一些对企业未来发展的愿望，他们把这个理解为战略，这些愿望和想法听起来似乎都非常有道理，可是缺乏实施的细节，最终只能成为空中楼阁。战略管理大师迈克尔·波特曾经说过：“战略不是一个数，也不是一个口号，比如要成为行业的第一，这不是战略；要实现 100 亿美元的收入，这也不是战略，成为行业第一和实现 100 亿美元收入的路径才是战略。”**战略就是一条路径选择，对这条路径描述得越清晰，实现目标的概率就越大**。很多企业不明白战略对于 OKR 的决定性作用，直接跳过战略来制定公司 OKR，因为缺少了战略这个“作战地图”，只好采用“共创”的方式来制定公司OKR，这种做法从一开始就偏得离谱，如果说最后没有效果，则完全不需要感到意外。所以，我在帮企业导入 OKR 的时候，首先要做的就是梳理企业的年度战略，因为这个是 OKR 能否实施成功的关键所在。

案例：招聘专员的 OKR 错在哪儿？

我以前在线下上课的时候，经常有学员问我一个问题：为什么我写出来的 OKR 感觉和 KPI 没有什么差别？比如某人力资源部的招聘专员，他以前的 KPI 是：人员满足率大于等于 90%。后来，他们公司实施了 OKR，让他自己制定一个 OKR，结果他写出来的 OKR 是这样：

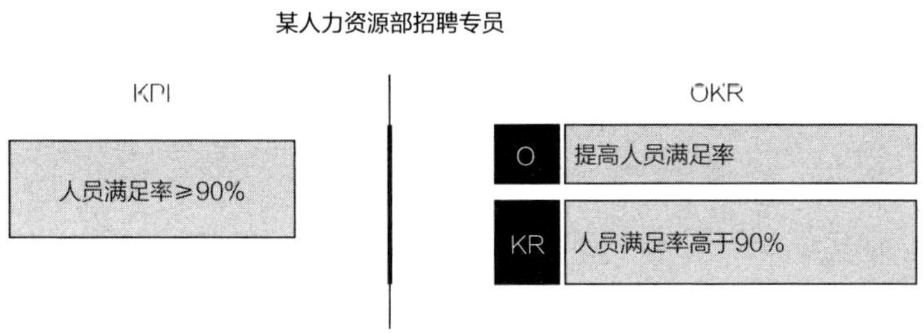

O 是提高人员满足率，KR 是人员满足率大于等于 90%。他说，他写完之后，自己也感觉换汤不换药，所以他也很疑惑，就问我问题到底出在哪儿？大家不妨也思考一下，你认为问题出在哪里呢？有些人说，那是因为你的 O 只有一个 KR，所以就跟 KPI 一样了。真是这个原因吗？显然不是。比如，我再加一个 KR：招聘费用控制在预算范围内。这样就有两个 KR 了。

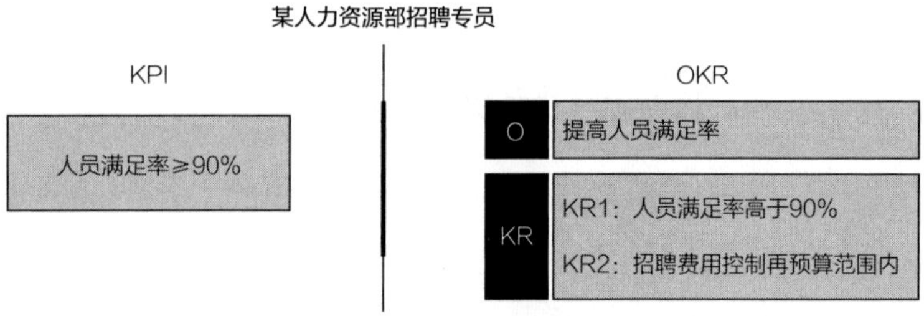

你觉得这样就没有问题了吗？其实本质并没有改变，这个 OKR 跟 KPI 依然没有什么区别。那他的问题到底出在哪里呢？

我刚刚讲过，企业经营的框架是一个从宏观看到微观的过程。比如，公司的 OKR 承接的是企业的战略，而部门的 OKR 承接的是公司的 OKR，同理，员工的 OKR 承接的是部门的 OKR。公司的 OKR 描述的是一个改进方向，所以一般可以是相对宏观的，而部门的 OKR 要支撑公司 OKR 的实现，所以就要相对具体一些，比如要明确具体的改进课题，我称之为中观。最后，到了员工这里，员工的 OKR 因为要支撑部门 OKR 的实现，所以员工的 OKR 就要更具体了，可能要落实到具体的行动步骤上，我叫作改进措施，而这个改进措施，就是很微观的了。所以你看，从公司 OKR 到部门 OKR 再到员工 OKR，整个过程就是从宏观到中观再到微观。宏观是规划，微观就是执行，这就是战略之所以能落地的逻辑。

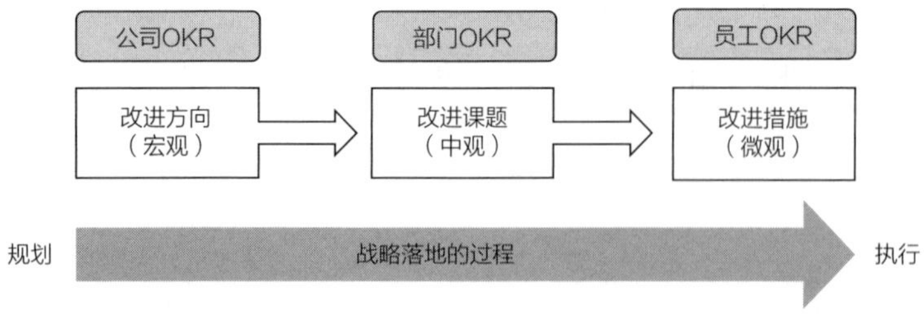

我们再看上面这个 OKR。这个 OKR 的负责人是一名人力资源部的招聘专员，是一名基层员工，但是他的 OKR 却是一个很宏观的 OKR，只有一个改进方向，具体要改进什么课题都看不出来，更谈不上改进措施了。所以，这个 OKR 如果是公司的 OKR 还说得过去，但如果是一个招聘专员的 OKR，就过于宏观了，没办法执行和落地。可是他为什么会写出这样的 OKR 来呢？原因也很简单，因为这个人力资源部的招聘专员完全是从自己的职责出发来制定 OKR 的，但是 OKR 的来源不是岗位职责，而是公司的战略。

改进由资源推动

战略的实现需要投入大量资源。所谓资源，基本上都离不开钱。很多企业不明白这个道理，在制定 OKR 的时候，让员工随意罗列很多 OKR，其实这些 OKR 从一开始就注定难以实现。为什么说战略的本质是“选择与集中”，原因就在于企业的资源是有限的，你的 OKR 越多越分散，你的资源就会被稀释得越厉害，每个 OKR 分到的资源越少，实现的概率就越低。所以，战略的真正价值并不是明确了“哪些领域要改进”，而是明确了“哪些领域不要改进”，那些战略缺失或战略不清晰的企业，就会陷入“什么都想改进，结果最后什么都没有改进”的陷阱中，这样的企业数量不小。

就以上一节这个招聘专员的 OKR 来看，如果“提高人员满足率”这件事情足够重要的话，首先就会反映在公司的战略或者是公司 OKR 里，最起码应该反映在人力资源部的 OKR 里，如果没有，说明这件事情与公司的战略没有很直接的关系。既然不是战略关注的重点，企业就不会在这里投放更多的资源，那么这个领域得到改进的几率就很小了。我以前在本田工作的时候，完成过很多改进课题，但凡改进效果明显的课题都是要花钱的，真正不用花钱又效果显著的改进是极少数的。所以，在制定 OKR 的时候，必须考虑资源。

比如，你的 O 是“大幅提高 A 类顾客的销售额”，如果真的想要达到预期的结果，势必在这个方向上投入大量的资源，比如增加更多的销售人员，增加更多的渠道费用和营销费用等。很多企业以为“只要采用了 OKR，就能大幅提高业绩”，你以为是在变魔术吗？再比如，如果你的 O 是“大幅降低顾客投诉率”，势必也要在这个方向上投入大量资源，例如增加人员、设备，或者投入培训和咨询费用等，如果只是保有现有人员、现有资源，你凭什么做到“大幅降低”呢？就靠空口白牙吗？所以，一个很直白的现实就是：**没有资源推动，就没有改进**。如果你理解这个逻辑，还会轻易地搞一大堆 OKR 吗？

大家都知道 OKR 有聚焦的作用，但是你知道聚焦的目的是什么吗？很多人是从时间管理的角度来解释聚焦的目的，认为使用了 OKR 之后，员工的时间和精力就可以聚焦在一些关键的事情上，就可以抓住工作中的重点，从而做出绩效来。这样思考从某种程度上讲有一定的合理性，但是，如果仅仅是这样的聚焦，我敢说对于绩效的影响不会太大。你想想看，即便不实施 OKR，难道员工就不知道他的工作重点是什么吗？即便没有 OKR，他还有 KPI，KPI 是什么？是关键绩效指标。员工很清楚对于他这个岗位来说，最关键的绩效要求是什么。即便你把 KPI 换成了 OKR，也不会产生多大的改变。做得来的事情照样能做，做不来的事情照样做不来。你以为 OKR 里面藏了什么机关吗？只要用了 OKR，绩效就能神奇般地提高？所以，OKR 聚焦的目的主要不是从时间管理的角度来考虑的，而是它能够决定资源投入的方向。你制定了 OKR，却不投入相应的资源，结果能有多大改变呢？但是现实中很多企业恰恰就是这样，因为这些企业没有意识到：OKR 是战略执行的工具，必须从战略的层面来看待它。如果你只是想把 OKR 作为一个衡量员工绩效的考核工具来用，就会倾向于让员工自己去制定 OKR，既然不是从战略需要出发，企业当然不会在这里投入什么资源。

在这里，不得不提到一个很重要的话题：中小企业和大企业的区别。我一直强调，对于中小企业来说，如果想要导入 OKR，不要盲目模仿大企业的做法，否则很可能会遭遇失败。例如，很多大企业在制定 OKR 的时候，会直接依据平衡记分卡（Balanced Score Card，BSC）来制定。所谓平衡记分卡，就是用以下四个视角审视公司的目标：

第一，财务视角（回答“股东如何看待我们？”的问题）。

第二，客户视角（回答“客户如何看待我们？”的问题）。

第三，内部运营视角（回答“我们的优势是什么？”的问题）。

第四，学习与成长视角（回答“我们是否能继续创造并提高价值？”的问题）。

看上去很专业，对吧？但是基本逻辑也很简单。平衡记分卡的所谓“平衡”，意思就是这四个维度都要顾及，不能偏废。大家想想看，这四个视角几乎涵盖了企业经营的方方面面，如果以这样的思路来制定公司

OKR，势必非常分散。这还只是公司级的OKR，接着还要往下发散到各部门、团队和员工的OKR，最终的OKR数量可想而知。根据我多年的实践，我认为大企业或许可以按照平衡记分卡的思路来制定OKR，但是中小企业则万万不可。

大企业为什么可以呢？大企业一般指的是行业内的标杆企业、行业的领导者。大企业之所以能成为大企业，就在于战略上取得的成功。也就是说，大企业的战略已经被市场证明是成功的了。所以，对于大企业来说，只要不断修补和完善，就可以继续引领市场。因此，大企业需要“平衡”，以确保长期稳定地发展。而且，大企业有足够的资源，尽管OKR很多，但是每个OKR分到的资源也是相对充足的。

但是，中小企业却不行。中小企业之所以还没“长大”，往往就是因为业绩增长遇到了“瓶颈”，而要打开这个“瓶颈”，就必须集中一切可以集中的资源，即“集中优势兵力打歼灭战”。中小企业的资源与大企业根本不可相提并论，所以中小企业绝不可用“平衡”的思维来思考战略和OKR。很多时候，“平衡”就意味着“平庸”，平庸的企业注定会被市场淘汰。

所以，中小企业必须首先找到战略的突破口，要对企业的现状有足够深入的理解，绝不能简单套用大企业的做法。当我们在给客户提供咨询服务的时候，针对大企业和中小企业，常常会采用两种完全不同的思考模式。

第十章
制定OKR的秘笈

推敲逻辑

公司级的 OKR 是根据战略描述出来的，而部门、团队或个人的 OKR 是为了承接公司的战略而制定的。所以我经常说，每一个 OKR 都是一个故事，这个故事要么说明“战略是什么”（战略方向），要么就说明“如何支撑战略”（战略路径）。因此，你要看懂一个 OKR，就必须理解这个 OKR 背后的故事。同样，如果你想制定出一个正确的 OKR，就必须“编好”这个故事。想要编好一个故事，最重要的就是让这个故事富有“逻辑性”。制定 OKR 的人，是在“编故事”，而审核这个 OKR 的人就是他的上级，上级要做的就是仔细推敲这个故事的逻辑，尽可能不让这个故事出现漏洞。大家要知道，OKR 的作用是聚焦，一旦制定了某个 OKR，员工的时间、精力和企业的资源都要投放在这个 OKR 上，如果这个 OKR 是随意制定的，有漏洞，经不起推敲，后果就是浪费大量的时间、精力和资源。所以，在制定每一个 OKR 的时候，必须严格推敲。我的实践经验告诉我，90% 的 OKR 从第一眼看上去就知道它是错的，根本没有必要浪费时间、精力和资源去实施。

我们知道，但凡需要制定 OKR 的员工通常都是管理类或技术类的员工，这一类员工的最大特点就是要用“脑”来工作，他们的价值主要体现在工作的“创造性”上，而 OKR 就是用来帮助他们从事创造性工作的工具。想要让这些员工学会制定 OKR，就必须培养他们一种重要的能力和思维习惯——“逻辑思维”。所谓逻辑，简单来说就是因果关系。比如你制定出这个 O，为什么不是别的 O 呢？要不要推敲一下？当然需要。还有，你为这个 O 制定了 3 个 KR，为什么不是另外 3 个 KR 呢？要不要推敲一下？告诉你一个秘密，只要你推敲一下，就会发现绝大多数 OKR 都经不起推敲，因为逻辑不通。这样的 OKR，还有必要去实施吗？当然，这里所说的逻辑，比你心目中的逻辑要更严谨，是指“基于客观现实的逻辑”，其“因为 / 所以”的关系不是表面上成立就行了，还必须符合客观现实。

我举个例子，中国人的储蓄率在全世界范围来看都是很高的，这个现象背后的原因是什么呢？有人解释，因为中国人都是孔夫子的后代，崇尚勤俭节约。这个结论听起来很有逻辑，但是符合客观现实吗？现实中，我们也看到很多人在餐厅吃饭存在浪费现象，到国外买奢侈品也很舍得，认为“中国人崇尚勤俭节约“并不一定基于客观现实的逻辑。

我再举个大家更容易理解的例子。例如，有很多人炒股，某天股市大跌，互联网上就会出来各种专家解释“今天股市大跌的原因是什么”。有人说：“今天股市大跌是因为美联储宣布加息导致外资出逃”，听起来也是有逻辑的。但我们发现有时美联储宣布加息时中国股市却没有跌，反而大涨。所以，这一逻辑也是靠不住的。

案例：流量、转化率和客单价

很多人可能会有疑问，既然没办法搞清楚现实中的真相，该怎么做决策呢？股市的运作是一个非常复杂的体系，想要搞清楚真相确实很难，但是对于企业来说，我们接触到的事情是相对微观的，要调查清楚事情的真相，并没有那么难。

我们来看下面一家美容院院长制定的 OKR。这家美容院近年来业绩不太好，员工流失严重，新招来的员工要从头开始培训，上手慢。这就导致服务质量跟不上，顾客投诉增多，于是顾客开始流失，业绩进一步下滑，导致员工进一步流失……陷入一个恶性循环。

O	大幅提高美容院的销售额
KR	KR1：三季度销售额同比提升50% KR2：将拓客团队从10人扩张至15人 KR3：增加3名操作技能培训老师 KR4：将员工保底工资提高20%

当你看到这个 OKR 的时候，可以先解读它背后的逻辑。O 是大幅提高销售额，KR1 是对 O 的量化描述，KR2、KR3 和 KR4 是实现 O 的三

条策略。其实美容院院长的策略还有很多，我只截取了三条，因为只需要看一下逻辑和方向。假如逻辑和方向都错了，再多的策略也是没有意义的。

我们来仔细解读一下。KR2 是扩张拓客团队，理由是加强拓新客的力度，看上去很有道理，对吧？问题是“拓新客”并不是什么创新策略，以前就已经在干了，现在只是增加拓客团队的人数，能够对大幅提升销售额起到关键性的作用吗？要验证这一点，很简单，看数据，从现实中发现规律。大家可能未必去过美容院，但是应该都有感受，现在美容院遍地都是，拓新客的转化率多半不会很高。果然，数据拿来一看，拓新客的转化率不到 8%，也就是说，拓 100 个新客进店，能留下的最多 8 个。你把拓客团队增加到 15 人，能够实现三季度的业绩目标吗？我想很多专业人士不用计算就能预估出来，达成业绩目标基本不可能。

其实，想做到富有逻辑的思考，我们不妨借助公式。例如：

业绩 = 流量（即进店顾客数）× 转化率 × 客单价

想要大幅提高业绩，不一定只看流量，还可以考虑提高转化率和客单价。大家不妨想象一下，假如院长只想通过拓新客提高流量，而转化率和客单价都很低的话，业绩提高的难度其实是很大的。那么，能不能从提高转化率和客单价的方向来考虑一下策略呢？如果要提高这两项指标，“老顾客”反而是一个重要的抓手。老顾客就是会员顾客，是和你有一定交情的客人，而新顾客是和你没有任何交情的客人。如果你分别向她们进行销售，谁的转化率会更高？谁更容易实现更高的客单价？答案毋庸置疑，显然是老顾客。如果现在老顾客在本院的消费已经饱和了，想再进一步销售恐怕就有点困难了。但如果老顾客的消费并不多，就意味着还有很大的业绩增长空间。那么老顾客的消费到底有没有饱和呢？很简单，看数据。果然，数据拿来一看，几百个老顾客里只有不到 20% 是经常消费的，其他 80% 的老顾客很少消费。那么机会是不是就在这里呢？

我们接着看 KR3。这条策略的目的也很明显，前面不是说新员工太多，服务质量下降了吗？那就增加培训老师，加强员工操作技能培训。表面上看，逻辑没毛病。但是需要仔细推敲一下。培训一个技能熟练的新员工至少需要 1～2 个月，有些可能时间更长；就算员工技能熟练了，又能带来多大的销售额提升呢？员工技能熟练，对于顾客来讲其变化是很细微的，最多能让顾客少一些抱怨，但不会让更多的顾客涌进店来消费，至少短期之内很难。所以这一策略对于提高业绩的帮助几乎微乎其微。

最后再看看 KR4。这条策略的初衷是为了减少员工的流失率，尽可能确保服务质量不下降。但是，加工资这种策略，时效性很差，在很短的时间内有用，很快员工就会麻木，对于有效降低员工流失率未必起作用。就算能降低员工流失率，对于大幅提高店铺的销售额的作用估计也是微乎其微，而人力成本却实打实地大幅提升了。本来企业的效益就不好，还要大幅提高人力成本，其能带来的业绩增长又微乎其微，你认为这样做能撑多久？

这样推敲下来，KR2、KR3 和 KR4 竟没有一条能用。我告诉大家，只要你对自己企业制定的 OKR 进行详细推敲，就会失望地发现结果和我讲的这个案例差不多。大多数 OKR 由于制定的过程太草率，缺乏认真思考，基本上都是千疮百孔，经不起推敲。

认知差

制定一个 OKR 并不难，难的是保证它的有效性。所以，大家要记住，制定下一年度的战略至少要提前 3 个月开始，制定下一季度的 OKR 至少要提前一个月开始，否则无法保证有充分的时间推敲这些 OKR 的有效性。可以这么说，制定 OKR 的过程含金量是很高的，我们要从制定 OKR 的过程中学习，提高我们的逻辑能力。

人是通过“认知差”来学习的。我举个例子，冬天按电梯里的按键会产生“触电”现象。你之前按电梯键，是假设它没有电的，被电到之后，你就意识到冬天电梯里的按键是“带电”的。此时你的认知水平就提高了。但是你仍然不知道它为什么会带电，除非你事前假设过其中的原理，并带着对这个原理的认知去实践，才能验证这个原理的正确性。我想说的是什么呢？对于一项工作计划而言，你事前研究得越充分，通过实践学到的东西就越多；你事前研究得越仓促，通过实践学到的东西就越少。

还记得本书前面提到的一个 OKR 吧。

O	成功签单A顾客
KR	实现销售额100万

这个 OKR 从严格意义上来讲并不好，因为看不到实现 O 的策略。如果你的假设仅仅是“我认为 A 顾客会签单”，那么当 A 顾客最后没有签单时，你得到一个结论：A 顾客不会购买我们公司的产品。这个结论是正确的吗？我告诉你，多半都是错的，为什么呢？因为你要相信，这个世界上总有另一个销售人员能让 A 顾客签单。至于 A 顾客为什么不签单，你却不知道其中的理由（就算你自认为知道，也多半是错误的答案）。因为你之前的假设并没有思考 A 顾客签单的逻辑，自然也无法通过实践来验证。你不知道 A 顾客不签单的真实理由，却想找到有效的策略对 A 顾客开展下一步的销售，你觉得成功的概率有多少？

所以，你需要对 A 顾客的签单过程进行一番研究，仔细推敲看看问题到底出在哪里。例如，你上次去找 A 顾客的时候，他不是很热情，你在介绍产品的时候，感觉他心不在焉，不停地接电话，走来来去。你就可以假设，他很可能是对你的信赖不足，因此，你的 OKR 可能会是这样的：

O	签单A客户
KR	KR1：实现销售额100万元 KR2：带上与A顾客非常熟悉的X同事一起去拜访 KR3：给A顾客带一盒老家的特产

如果你上次去找 A 客户的时候，他很热情地接待了你，但是当你提起要销售的产品时，顾客表示“先不急，考虑一下再说”，这说明卡点多半是“痛点不足”，你就需要考虑在下次销售时多刺激顾客的痛点，因此你的 OKR 可能会是这样：

O	签单A客户
KR	KR1：实现销售额100万元 KR2：通过私下了解，搜集至少3个A顾客“因不用我公司产品而蒙受损失”的事件 KR3：准备至少2个A顾客的竞争对手因使用我公司产品而成功扩大市场份额的案例

如果你上次去找 A 客户的时候，他很热情地接待了你，对产品的需求也非常强烈，只是最后说了一句“我感觉你们的产品太贵了，我想先对比一下其他公司的产品”，这说明卡点多半是“卖点不足”，你需要更充分地向顾客展示你的产品跟其他公司产品的区别，因此你的 OKR 有可能会是这样：

O	签单A客户
KR	KR1：实现销售额100万元 KR2：向A顾客展示一张我公司产品解决客户问题的原理图 KR2：邀请技术人员向A顾客做产品讲解，保证A顾客100%理解我公司产品为什么最适合他 KR3：设计一个能反映我公司产品和其他竞品间价值差异点的小实验

看到了吧，你对客观现实的理解不同，所制定出来的 OKR 就不同。

如果销售人员按照上述思路来做销售，即便没能让 A 顾客签单，也能搞清楚 A 顾客不签单的真实原因是什么、卡在了哪一个关口上，就能在下一次销售时采取更加精准的策略。这样销售人员在认知和能力方面的成长就可以快很多。这样做销售，能深入到具体的过程中，让销售人员对工作产生兴趣。如果最后真的连过三关，成功地让 A 顾客签单，这名销售人员是不是就会产生成就感？大家不妨好好体会和琢磨一下。以上我举的是销售相关的案例，其他领域的案例，大家可以举一反三。

前面跟大家讲过，我不主张用“共创”的方法来制定 OKR。原因很简单，共创的核心是“创造”，但是制定 OKR 的核心不是“创造”，而是“发现”，发现客观现实、客观规律，根据客观规律来制定 OKR，这里有非常严谨的逻辑。毛泽东曾经在《实践论》中讲道：“人们要想得到工作的胜利即得到预想的结果，一定要使自己的思想合于客观外界的规律性，如果不合，就会在实践中失败“。大家不妨好好体会一下这句话。

上级必须会问的两句话

很多人都知道，OKR 主张自下而上制定，如果真的让下级来制定 OKR 的话，上级应该扮演什么样的角色呢？

很多当领导的人会觉得，自己在专业上不一定比下级更强，所以，他们认为指导下级是一件很困难的事情，甚至没必要，因为员工有自己的个性和想法，不想被约束，不如让他们自由发挥。不得不说，持有这种想法的领导是在逃避和推卸责任。如果真是这样，还要领导何用？我来跟大家具体讲讲领导到底应该发挥什么样的作用。

在泰勒倡导的“科学管理”的模式下，上级和下级的分工是很明确的——上级负责计划，下级负责执行，是完全自上而下的。因为在泰勒所处的年代，企业面临的核心问题是生产效率不高。所谓“下级”主要指的是生产一线的操作工，他们的工作是非常固化的，因此这种自上而下的管理模式对于实现大规模标准化管理并大幅提升企业的生产效率起到了至关重要的作用。随着时间的推移，顾客开始成熟，市场竞争加剧，对企业的创新能力提出了更高的要求，德鲁克认为这种完全自上而下的管理模式压抑了员工的思想和创造力，提出要让员工“自我控制与管理”，这种思想也完全符合社会经济发展的需要，而且他所指的“员工”更多的是从事管理和专业技术类工作的“知识型”员工，这一类员工所面临的工作环境和条件要更加复杂和多样化。因此，德鲁克指出，管理应当更多地强调“自下而上”，下级需要自己“计划”、自己“执行”，而不是单纯执行上级的指令。后来，戴明把这种思想更延展了一步，下级不仅要自己“计划”、自己“执行”，还要自己“检查”（复盘）、自己“修正”，这就是大名鼎鼎的 PDCA 循环。可以说，能够完全自主运转 PDCA 循环的员工，已经实现了“自立化”。这个时候，上级就可以放手让他自我管理，从而实现最高程度的“自下而上”。本书后面的章节对这一问题还会有进一步的阐述。

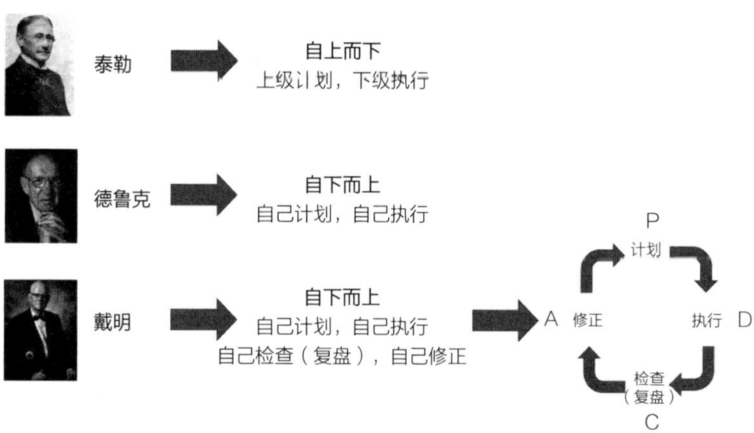

在这里，你需要知道，下级成为“自立化”的员工，不是自然形成的，而是上级对其进行长期指导和不断训练的结果。那上级应该如何指导下级呢？那就要问问“上级比下级强在哪儿？”是专业上吗？不一定。下级通常比上级更靠近现场，而且从事分工更加细化的工作，所做的工作，他的上级未必做过，因此在专业方面上级不一定强过下级。我前面说过，早期泰勒时代的管理是自上而下的管理，就是上级负责计划、下级负责执行，因此，上级天然或理应比下级强的地方就在于“计划”。例如，经营者擅长制定“战略”计划，部门或团队的领导擅长制定“战术”计划。而计划想要做得好，核心关键就在于“逻辑”，用我们前面讲的话来说就是“基于客观现实的逻辑”。如果计划不符合客观现实的逻辑，就很难顺利实施下去或者得到想要的结果。

员工所制定的 OKR 是他接下来一个季度工作计划的核心部分。上级为了确保员工所制定的 OKR 客观合理，应当充当一名把关者。你让下级自己去制定 OKR，当下级把制定好的 OKR 摆在你面前的时候，最忌讳的做法就是直接否定他的想法，甚至用自己的想法去压制他的想法。那等于是用“自己的鲁莽”去掩盖“员工的鲁莽”。其实，你只需要问两个问题就够了。这两个问题也是世界 500 强企业培养员工的法宝。第一个问题是“为什么？”，第二个问题是“依据呢？”。比如，你可以问他“为什么要设定这样的 O 或 KR”，他大概率会回答你：“因为我认为这个 O 或 KR 可以达到 ××× 目的”，这个时候，你就可以说：“光是你认为可不行，你的依据在哪里？”这时，如果他有所准备，就会拿出你想看的事实依据或者数据来证明他的想法。可以说，上级问好了这两个问题，可以把很多下级逼问成逻辑能力优秀的员工。我以前在世界 500 强企业工作的时候，如果遇到要向领导汇报，就会估计领导可能会提的问题，提前准备好详细的资料，否则根本不敢走进会议室，不然当领导发问而我无言以对的时候，很容易想象那种尴尬的场景——所有与会者向我投来"不可描述"的眼光，而我一动不动地僵在主席台上。如今，我非常感激这种氛围和机制，帮助我完善了自己的思维体系，成为一名更有价值的人。

当然，要问好这两个问题，其实没有那么简单，也是需要学习和训练的。因为，下级的能力、状态千差万别，在实际操作的时候需要灵活运用。这两个问题可以成为我们培养员工最基本的手段。所以，作为经营者也好，管理者也好，你不必纠结于自己的专业能力是否强过下级，但是你的逻辑思维能力一定要强过下级，只此一项，你就有可能成为一名优秀的经营者或管理者。

别套用模板

以前很多企业在制定 KPI 的时候，如果自己不知道怎么操作，可以去网上搜索，或查看一些专业书籍。我记得很多人编过类似 KPI 大全和 KPI 辞典的东西，各种 KPI 应有尽有，几乎覆盖绝大多数行业和岗位。那是因为 KPI 描述的是一个结果，企业想要的结果，无非就是那些，基本上是可以做到完全罗列的。但是 OKR 不一样，OKR 是承接企业战略的。从横向来看，企业不同，战略就不同，所以 OKR 就不同，即便是同样的行业、同样的部门，甚至同样的岗位，OKR 也不会一样；从纵向来看，同样的企业今年的战略和明年的战略不同，OKR 就不会相同。

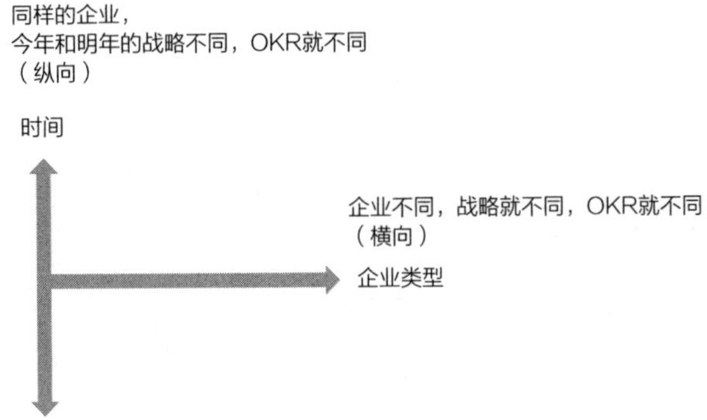

所以，OKR 不能用所谓模板或者常用清单这种方式来制定。如果员工在制定 OKR 的时候有困难，最好的方式是收缩一下战线，先在公司和

部门这个层级来实施，等实施顺畅了再落到员工这个层级。其实，我辅导过一些中小企业，甚至只做到公司级 OKR 的都有。只要战略梳厘清楚了，战略的方向对头了，照样能做出很明显的效果。但是现在很多企业，为什么 OKR 非得一下子做到员工那一层级去呢？原因很简单，它们把 OKR 当成了一个考核工具，总想弄一个东西来衡量员工的绩效，因为如果不这么做，它们就不知道怎么给员工发奖金，到底该给谁涨工资。你非要扭曲 OKR 来达成这样的目的，最后做不出效果也难怪了。

第十一章
跟进和复盘

案例：复盘，复了个寂寞

我不知道大家所在的企业有没有每个月定期举行月度经营会议。如果企业实施的是 KPI 考核，通常会通过月度经营会议对公司以及各部门的 KPI 运行情况进行总结复盘。但是，我不知道大家有没有一种感觉，就是这种总结复盘往往流于形式，**复盘会议上每个人汇报的内容都是不痛不痒，而且很多时候你感觉在这个会议上探讨的问题也都是一些老生常谈的问题**。复盘的目的是持续改进，但是这样的复盘会议，真的能够起到改进的作用吗？

为什么会出现这样的情况呢？我先告诉你一个结论：只要是实施 KPI 考核的企业，99% 都没有办法进行有效的复盘。为什么呢？大家首先要理解复盘这个词的概念。复盘这个词来自围棋，意思就是指在对局完成之后，把当时下棋的全部过程重演一遍，从中发现自己的优劣得失。经常复盘，可以快速提高自己的棋艺。你看到这里的关键点了吗？如果你要做有效的复盘，就必须把整个下棋的过程重演一遍。前面我跟大家讲过，KPI 考核是成果主义的思维，它背后的基本逻辑就是：不管过程，只要结果。既然你不管过程，当然就没有办法进行科学有效的复盘了。所以，只要是实施 KPI 考核，99% 的企业复盘这项工作都是流于形式的。为什么是 99%？因为还有 1% 的企业虽然也实施 KPI 考核，但是它们依然非常重视过程管理，但这样的企业很少。

我给大家看一个典型的例子。

比如销售总监可能有个 KPI 是一季度实现销售业绩 1000 万元。结果到了一季度末只实现了 800 万元，还差 200 万元。这个时候，如果你是老板，会问这个销售总监出了什么问题，为什么会差了这 200 万元，对吧？好了，销售总监肯定会告诉你若干原因。根据我的经验，虽然我不知道这些原因具体是什么，但是大概逃不出这三种。

第一，市场环境的原因。例如市场不景气、天气不好、疫情肆虐、竞争对手搞事，等等。

第二，客户自身的原因。例如客户内部出现了什么意外情况，客户的项目延期了，客户取消订单了，等等。

第三，其他部门的原因。例如，生产部门交付延迟了、技术部门支持不到位、人力资源部没招到人，等等。

你想想看，是不是都是这些问题？这些原因能分析出什么有价值的东西吗？接下来，基于这些原因，你是不是就要确定下一步的改进措施？好，这个时候销售总监就会列出改进措施 1、2、3 来，这个汇报就算结束了。老板也觉得差不多了：虽然业绩目标没有完成，但好在认真总结了，下一次也许就能实现目标了吧。

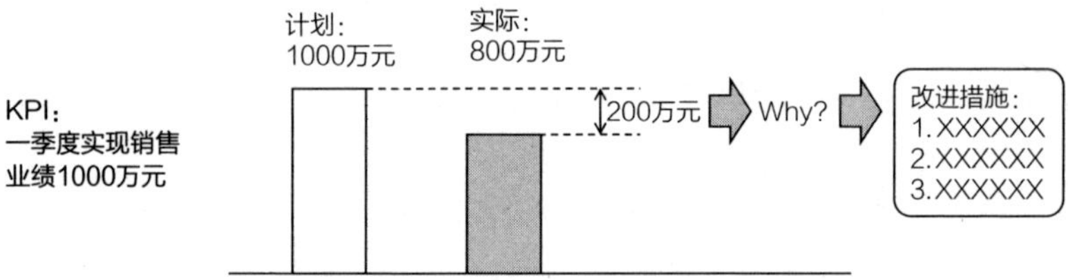

但是很遗憾，这样的总结复盘除了通报一下信息之外，对于改进工作几乎没有任何作用，也根本不可能产生任何作用，因为你分析的全都是客观原因，而这些客观原因你又控制不了，分析来何用？如果老板指望这个销售总监能有什么进步，下一次能把业绩做得更好，那我只能说老板太天真了。

我们接着往下看。第一个季度就这么结束了。第二个季度，我们又给这个销售总监制定了一个 KPI，就是二季度要实现销售业绩 1200 万元。结果，到了二季度末，只实现了 900 万元的业绩，还差 300 万元。这个时候，作为老板，你又该问他出了什么问题吧？还是那个问题，为什么会差了这 300 万元？然后销售总监又会告诉你若干个原因，同样，逃不出前面讲过的那三种类型。最后，再定出下一步的改进措施 4、5、6。

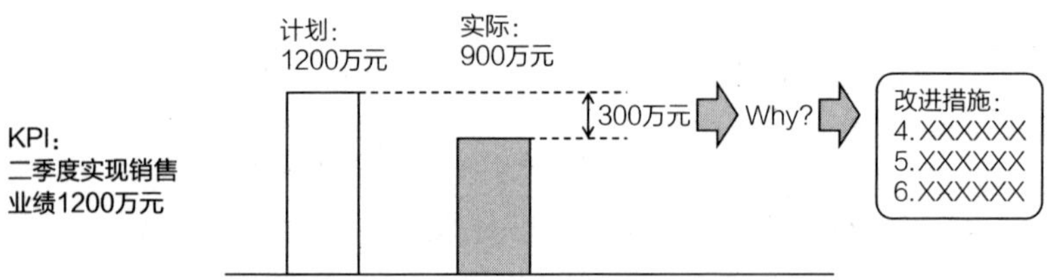

好了，看到这里，大家就要思考了。一季度制定的改进措施 1、2、3，到底有没有效果呢？有人说，不知道有没有效果，说不定有效呢？

但是大家想想，如果真的有效，那为什么二季度的业绩目标还是没有达成呢？

当然，这里还有一种情况，二季度的业绩目标没有达成，有没有可能是因为一季度的改进措施 1、2、3 根本就没有实施呢？根据我的经验来看，这是非常有可能的。因为在 KPI 这种成果主义的价值观下，根本没有人去管你的改进措施 1、2、3 到底有没有实施，大家关心的仅仅只是业绩目标有没有达成而已。那问题是，一季度的改进措施 1、2、3 如果还没有实施，现在二季度的改进措施 4、5、6 又来了，之前的 1、2、3 还要不要实施呢？如果要实施，那么要做的事情会不会有点太多了？如果不实施，那一季度末的总结复盘不就白忙活了？相当于你自己都认为这些措施做不做都无所谓，那就是自己打脸。接下来的三季度又该怎么办呢？很可能又会出现改进措施 7、8、9。有没有觉得，这个销售总监就是在疲于奔命，需要实施的改进措施越来越多，你认为他能把哪项工作彻底做扎实？

所以，实施 KPI 考核的企业，几乎不可能进行有效的复盘。**想要进行有效的复盘，就要把工作聚焦，聚焦到少数几件事情上，然后对这几件事情进行严格的过程管理，当你对过程了如指掌的时候，你分析出来的原因就不再是泛泛而谈，而是句句命中要害**。能把工作进行聚焦，并进行过程管理的工具，毫无疑问就是 OKR 了。

提高认知水平

下面我来告诉大家，如何对 OKR 进行复盘。很多人以为复盘就是总结一下做得好的方面和做得不好的方面，其实完全不是这样的。你难道没有发现，这样总结出来的内容，经常都很肤浅，而且让人完全体会不到进步的感觉吗？为什么会出现这样的情况呢？我告诉你，这个跟你的价值观有密切的关系。

我问一下大家，如果你是一家企业的经营者，结果和过程哪个更重要？大家可能觉得很难回答这个问题，也有人会说都重要。这很容易理解，我们经营企业，不可能不追求结果吧？但是想要得到好的结果，又必须要管理好过程，所以结果和过程必然都重要。这样回答感觉没什么错，但又好像跟没有回答一样。要想正确地回答这个问题，其实并不容易，我先来给大家举个例子。假设有一个学生，他想要好的学习成绩，这肯定是无可厚非的，当他某一次考试成绩不好的时候，你认为这时最重要的事情是什么呢？纠结于考试的结果垂头丧气？这肯定是不可取的。他应该认真检查一下考试的试卷，看看自己做错的地方在哪里，到底是哪一些知识点没有掌握或者说理解有误。大家认为是不是应该这样做呢？毕竟考试不会只有一次，但每一次考试只要能认真找到自己出错的地方，并对相关知识点进行加强和巩固，就可以在接下来的考试中取得越来越好的成绩，这才是最有意义、最有价值的思考方式和态度。好了，看完这个例子，再回到我前面提过的这个问题上来。经营一家企业，什么是最重要的？不是某一年的业绩成果，而是认真找到企业在这一年的经营过程中到底哪个环节犯了错，认真反思自己当初为什么会在这里犯错，是哪些认知不对，把这些不对的认知通通找出来，一个一个加以纠正。毕竟，企业不会只经营一年，而是要经营很长很长的时间。**如果我们每年能够纠正一些错误的认知，我们的经营决策就会越来越准确，经营过程就会越来越高效，拿到更高的业绩也会越来越顺利。**

大家知道，OKR 是一个目标管理工具，我们通过完成 OKR 来实现企业的最终业绩成果。那么，你认真看看你所制定的这些 OKR，问自己一个问题，为什么是这些 OKR，而不是别的 OKR 呢？你所制定的每一个 OKR 一定是有原因的，不会是胡乱制定的。换句话说，每一个 OKR 背后必然隐含着我们对经营管理的认知。这些认知到底对还是不对呢？你认为你有没有必要知道？如果你认为你没必要知道，那你的认知就会停留在原地，在下一年的经营过程中，该犯的错还会继续犯。为什么有些企业的业绩一直上不去，因为这些企业的经营者和管理者的认知一直没有提高，他们也没有意识到要找到并修正自己的错误认知，所有心思都放在业绩成果上。问题在于，成果固然是我们追求的，但成果又是不受我们控制的，成果是根据过程的好坏自然生成的，不能执着于成果。所以，在企业经营的过程中，眼睛需要一直盯着过程，不要去盯着成果，因为盯着也没用。所以你明白为什么我们一再强调不要直接考核 KR 的量化值了吧？因为你考核这个也没有用。只要过程不对，你想要的结果怎么都不可能出现。

十年前，我曾经在某中小企业担任高管，当时老板想要快速发展，花巨资聘请了好几家咨询机构，分别从战略、营销、品牌、财务等方面为企业提供咨询方案。我当时是经营管理部的负责人，有幸全程参与了这些咨询方案的企划过程。后来，因为各种原因，没有取得明显的效果。老板在跟我聊天的时候抱怨道：“花了这么多钱，也没有什么效果，时间和精力全浪费了。”但我却不这么认为，反而认为学到了很多东西。因为我对这些咨询方案的企划原理和逻辑了如指掌，很多原理和逻辑我当时就有疑惑，认为不可行，现在从结果上得到了验证，我的认知水平得到了很大的提高。老板关注的是业绩成果，所以他只能得出没有效果的判断，他的认知水平变化不大。而我关注的是过程，所以不仅知道没效果，还知道为什么没效果，甚至知道该怎样做才会有效果。我就是通过这样的方式自我成长，快速地提升自己的专业水平。

我们常说“失败是成功之母”。其实，这句话是有前提的，失败要能成为成功之母，前提是要通过每一次失败提高自己的认知水平，否则就会一直失败，永远失败。但是在职场上，我们有多少人真正通过每一次失败提高了自己的认知水平呢？大家不妨想一想。

现在，我们有了 OKR 这样一个工具，它既是目标管理和绩效管理的工具，也是提高我们认知水平的工具。当我们制定出一个 OKR 的时候，就意味着我们根据自己的现有认知做出了一个假设：完成这个 OKR 可以实现我们想要的结果。但是这个假设到底靠不靠谱呢？只有实施了之后才知道，验证这个假设。这就是所谓复盘的真正含义。

“假设 - 验证”循环

对于 OKR 来说，我们必须检查确认的一件事情就是：执行这个 OKR 是否产生了预期的作用。但是，想要检查这件事情，就必须首先保证 OKR 已经彻底实施了。你想想看，如果这个 OKR 没有彻底实施，你怎么可能知道这个 OKR 到底有没有产生预期的作用呢？都没有彻底实施，没有产生作用不是很正常吗？

我举个例子。比如我是一个大学生，我的目标是大幅提高英语考试成绩，手段有两个，一个是每周找外国人交流口语 2 小时，另一个是每周坚持看 3 部英语电影。为此，我给自己设定了一个 OKR，如下图所示。

OKR

O	大幅提高英语考试成绩
KR	KR1：每周找外国人交流口语2小时 KR2：每周坚持看3部英语电影

假如过了 3 个月，我发现英语考试成绩并没有大幅提高，那么我就有必要进行认真的复盘了。复盘的核心，就是检查这个 OKR 的有效性。比如，关于第一项策略，每周找外国人交流口语 2 小时，到底有没有用

处？有人说，不用想了，肯定有用啊，怎么会没有用呢？大家记住，复盘的时候要基于客观现实，而不要做感性判断。这项策略多半能提高我们的英语口语水平，但是否有助于“大幅提高英语考试成绩”呢？那就未必了。也许英语考试并不考口语。但是，就此做出结论并不科学，我们应该首先判断，这项策略是否彻底实施了。例如，计划是每周找外国人交流口语 2 小时，但是实际上因为我参加了一项社会实践，工作太忙，抽不出时间，结果 3 个月之内我只去了 3 次，而且每次交流还不到半小时，交流的过程中我还不时地接听电话，导致交流的效果很差。这样就不能说明这项策略无效，我必须想办法挤出时间，彻底实施，才能真正判断这个 OKR 的有效性。如果我彻底执行了计划，而英语成绩却没有大幅提高，那基本上可以说明这项策略是无效的。对于无效的策略，我们要分析原因，然后尽快进行调整。

对于 OKR 的复盘，其实核心就是要检查“是否彻底实施”以及“是否有效”这两项。那么先检查哪个呢？当然是先检查 OKR 的实施情况。所以，**我们可以在周度检查 OKR 有没有彻底落实；另外，在月度或者是季度的时候检查 OKR 的有效性。**

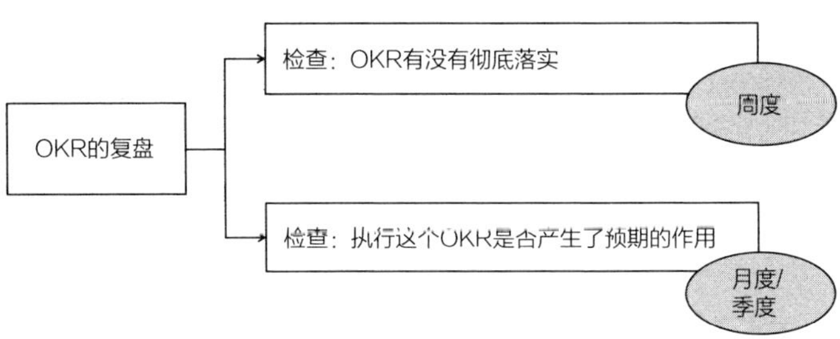

当然，我们既然说 OKR 注重过程管理，那么对于过程的跟进就应该是越细越好，所以周度检查只是一种建议，如果你的时间和资源许可，完全可以进行日度检查。

在这里我跟大家讲讲周度跟进会的内容。周度跟进会其实很简单，就是每个 OKR 的负责人汇报以下这些内容：第一，本周针对 OKR 的推进做了哪些工作，有什么具体成果；第二，有没有遇到什么困难或者障碍，如果有，这些障碍如何解决；第三，用可视化的方法来明确一个信心指数，比如 0～100%，如果信心指数从上周的 50% 提高到了本周的 90%，说明这个 OKR 的完成已经没有太大的问题了。反之，如果连续几周都维持在 50%，甚至降到 30%，那就说明员工在执行这个 OKR 的时候遇到了巨大的阻碍，领导就必须及时介入，提供协助。每周的跟进实际上起到的就是一个过程监控的作用，确保 OKR 得到有力的执行。

月度和季度的复盘，一方面检查 OKR 的推进情况，另一方面要验证 OKR 的有效性。因为当我们在年初或者季度初制定 OKR 的时候，那只是一个计划，这个计划其实只是一个假设，即假设这些 OKR 是有效的，因为当时我们对客观情况的了解比较有限，只能根据当时掌握的信息来假设。现在已经执行到一定的程度，很多客观现实已经显现出来了，所以这个时候，就必须对当初的假设进行验证。如果发现有些 OKR 是无效的，应该立即分析原因，并进行相应的调整，这样才能确保企业整体目标的实现。

大家发现了吗？当我们制定 OKR 的时候，只是完成了一个计划（Plan），然后我们必须彻底实施（Do）这个计划，当我们彻底实施之后，就要检查（Check）当初的这个计划是否有效，接下来就要对当初的计划进行相应的处置（Action）：如果有效，就继续实施；如果无效，就要分析原因，调整计划。这就是戴明大力推广的 PDCA 循环。

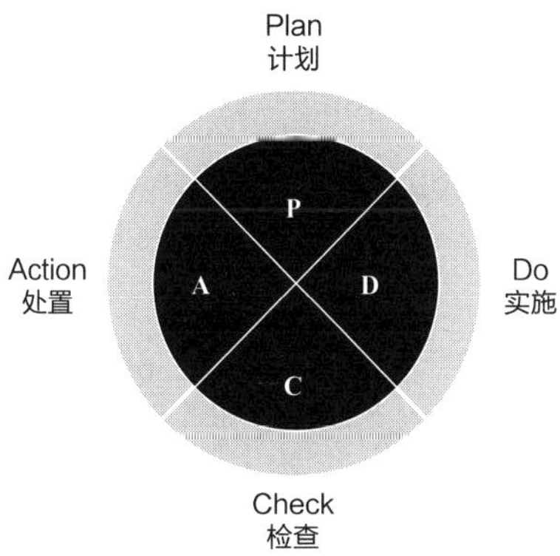

案例：“经验丰富”的店铺运营人员

回到 OKR 的有效性验证上来。所谓 OKR 的有效性验证，包括两个方面：第一，KR 对 O 是否形成了有效的支撑；第二，自己的 OKR 是否对上一级的 OKR 形成了有效的支撑。

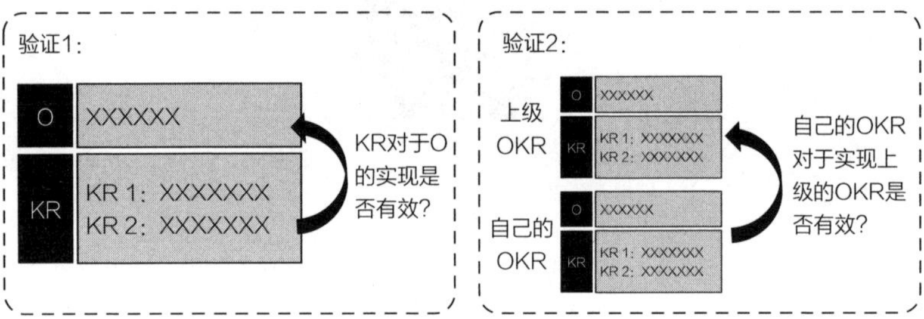

我来举个例子。大家看下面这个 OKR。O 是提高 A 品牌店铺的销售额；KR 有两个，KR1 是店铺销售额同比提高 60%，KR2 是招聘经验丰富的店铺运营人员 2 名。

OKR

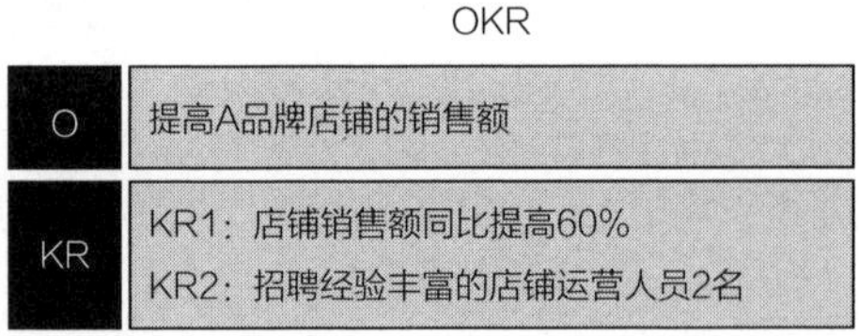

KR1 用来衡量 O 要做到的程度，而 KR2 用来说明如何才能做到 O 的一条策略。看到这个 OKR 你就明白，制定这个 OKR 的人，背后的认

知和假设是，只要招聘到 2 名经验丰富的店铺运营人员，就可以把店铺的销售额提高 60%。最后，他成功地招聘到 2 名店铺运营人员，但是店铺业绩却没有明显提升。这个时候，你就可以进行复盘，认识到 KR2 对于实现 O 没有形成有效的支撑。当然，这只是结论，只是复盘到这个程度是不够的，还必须分析原因，只有把原因分析清楚了，才能正确地调整 OKR，否则只是在反复试错而已。

其实，对于这个 OKR，我第一眼看上去就知道它有问题，根本不用等到它实施完才下结论。大家想想看，KR 的要求是要具体量化，KR2 看上去是量化的——招聘 2 名店铺运营人员，但实际上，这个 KR 的表述非常不明确，关键点就在“经验丰富”这 4 个字上。所谓经验丰富的店铺运营人员是什么样的呢？是在同行业同岗位上工作了 5 年以上，还是曾经有过运营网店的成功经历？符合这些条件的人，如果把他们都放到这个岗位上，他们的工作方式会是一样的吗？我想大概率不会一样。既然他们的做法各不相同，你又怎么能认为他们能将店铺的销售额提高 60% 呢？这显然是很值得怀疑的，这样的 KR 过于感性。我在线下上课的时候，经常帮学员检查他们的 OKR，我所看到的 OKR，至少有 80% 以上都犯了类似的错误。所以，在制定 OKR 的时候如果能够多推敲一下，就能避免很多无谓的时间和精力的浪费。当然，你要是没有足够的能力事先做出准确的假设，那也是没有办法的事，只能让 PDCA 循环多转几次。

这个案例是 KR 不能有效支撑 O 的典型案例，至于自己的 OKR 能否支撑上级 OKR 的例子跟这个案例的分析手法是完全一致的，我就不再重复了。大家可以自己尝试去做一做。

业绩不好的三个原因

我给大家做了一个 OKR 复盘流程图，以后大家要对 OKR 进行复盘就非常清晰了。

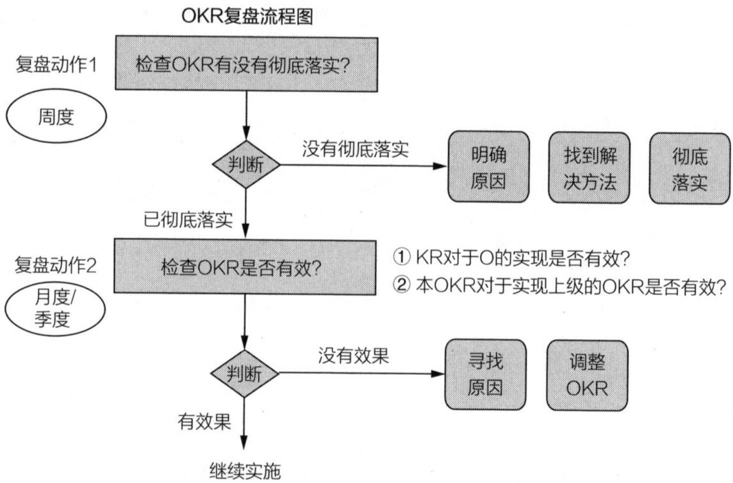

大家看上面这个流程图。首先是复盘动作 1：检查 OKR 有没有彻底落实。这个动作要每周来做。这个时候需要做出一个判断。如果没有彻底落实，就要明确原因是什么，找到解决方法，然后继续彻底落实。如果判断已经彻底落实了，就要检查 OKR 是否有效。这个就是复盘动作 2。这个动作可以在月度和季度来做。检查 OKR 的有效性，就是检查两点：第一，KR 对于 O 的实现是否能有效支撑？第二，本 OKR 对于上级 OKR 的实现是否能有效支撑。这个时候，也需要做出一个判断。如果判断没有效果，那就要找到原因，调整 OKR；如果判断有效果，那就可以继续实施这个 OKR。大家以后复盘的时候可以按照这个流程来操作。

企业的经营过程就是在做一个“假设－验证”的 PDCA 循环。企业的年度战略就是一个对于下一年度提高业绩的假设，这个假设通过设定为 OKR，变成了具体的计划。接下来就是对 OKR 进行彻底实施，这是执行战略的过程。而 OKR 复盘，其实就是 PDCA 循环的 C，就是验证战略的有效性，最后根据验证的结果对战略进行调整。这就是企业经营管理的全过程。

我来总结一下。其实，一家企业如果业绩不好，大概会有三个原因。

第一个原因：没有战略，或者战略不清晰，根据我的经验，这个原因存在于至少 80% 以上的企业，解决的办法就是导入 OKR，用 OKR 将战略清晰化、透明化。

第二个原因：有战略，但是有效性存在偏差。这个可以通过月度和季度复盘来检查和验证，具体做法我刚刚已经讲过了。

第三个原因：战略没有彻底落实。这个问题可以通过每周跟进来解决，通过每周跟进，检查 OKR 是否彻底落实。具体的做法我也讲过了。

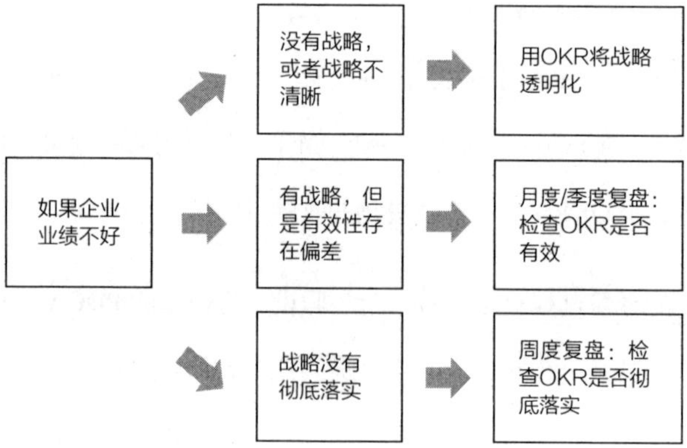

你看到了吗？企业业绩不好的三个原因，前面两个都是经营者的问题。最后一个表面上看是员工的问题，但实质上也是因为经营者没有做好过程管控而造成的。所以，**大多数企业的思维都有误区，只要企业业绩不好，就本能地认为是员工不努力造成的**。在这些企业眼里，只要员工有足够的热情和积极性，就能达成任何目标。如果你理解了绩效产生的原理，就知道这种想法从一开始就是错误的。

很多企业到处寻找激励方案，宁愿花上百万元去导入一个考核制度或激励制度。但是它们不知道的是，问题的核心不在这里。**激励制度不能从根源上解决企业业绩增长的问题，反而会带来一大堆让你更头疼的问题**。希望有越来越多的企业能够明白这一点。

第十二章

感性&客观的考核

两种工作类型

前面我讲绩效产生原理的时候曾经讲过：行为不变，结果就不会变；想要改变结果，就必须改变行为。这是一条公理，可以说不需要证明，因为这是显而易见的事实。那么所谓改变行为，就是指要创新，而我们所指的创新，即为改进。

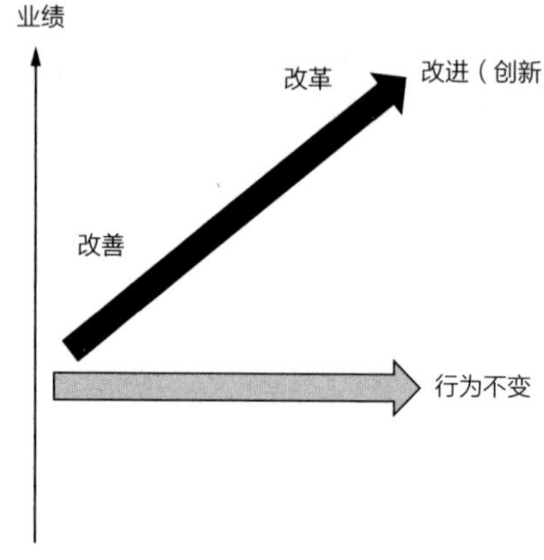

大家看上图，在我们的工作中，行为如果保持不变，绩效是不会改变的。绩效的增长是跟我们的改进程度有关的，改进的程度越大，绩效增长的幅度就越大。所以，我们也可以将改进分成两个级别，程度低的改进叫作“改善”，程度高的改进叫作“改革”。一家企业如果业绩陷入增长瓶颈，想要突破这个瓶颈，获取更大的增长空间，往往要进行改革。比如稻盛和夫拯救日航，就是靠一系列的改革，将日航从破产的边缘拉回到重新盈利的轨道上。如果不做这些改革，结果可想而知。

所以，对于所有的企业来说，不管你是什么行业，改进或创新就是企业的生命线，缺乏改进或创新的企业，一定是没有活力的企业。那现在问题来了，为了要成为一家创新力很强的企业，到底应该强化绩效考核，还是应该弱化绩效考核呢？这个问题很关键，相当于要对绩效考核进行清晰的定位。

如果你认真阅读了本书前面的内容，就应该很清楚，答案是弱化绩效考核。原因也很简单，绩效考核对于员工来说就是一种压力，特别是用 KPI 来考核的时候。人处在压力下是不愿意创新的，因为创新有风险，所以循规蹈矩、墨守成规才是最好的做法。

那么弱化绩效考核，具体该怎么做呢？

我们可以把工作分成两个类别：一类是例行性工作，另一类是改进性工作。这里我提出两个问题。

第一个问题，大家想想看，在企业里面，哪一类工作占比更高呢？答案是例行性工作。改进型的工作是相对较少的。我们前面也讲过，改进是需要战略做牵引的，如果一家企业没有战略，或者是战略不清晰，那员工大概率都是在做例行性工作，因为一般情况下，员工不会自己去改进工作。

第二个问题，对于这两类工作，你觉得考核的重点应该是哪一个？可能有很多人认为是例行性工作，而且很多人认为例行性工作特别适合用 KPI 来考核。但是你想想看，例行性工作的占比是很高的，这就意味着首先考核的工作量不小。因为例行性工作往往涵盖了工作职责的方方面面，为了确保所有的工作职责都被考核到，就需要设置大量的 KPI。很多企业之所以搞得考核指标满天飞，其实就是因为针对例行性工作进行考核导致的。而且，例行性工作还有一个重要的特点，都是一些重复性的工作，所以，只能维持绩效，不能提高绩效，你花了那么大的精力去搞考核，把员工搞得怨声载道，而这部分考核却不能提高绩效，只能维持绩效，是不是有点不划算呢？而且，所谓维持绩效，也是理论上的，其实连维持绩效都是很困难的。你如果真的想维持住绩效，我也不赞成采用 KPI 考核的方法，而是应该采取绩效管理的方法，具体做法我后面来讲。

所以，对于企业来说，最明智的做法就是不要把考核的重点放在例行性工作上。因为既然已经是例行的工作了，说明大概率是比较常规和稳定的工作，为什么还要整天去考核它呢？还要搞得怨声载道、不得安宁，这又是何苦呢？

我讲到这里，大家就应该明白了。真正需要考核的是改进性工作。为什么呢？员工往往更习惯于做例行性的工作，他们不会主动地去做改进性的工作，因为人都是喜欢待在舒适区的。例行性工作是他们熟悉的，也是习惯的，而改进性的工作是过去没做过的，是有挑战性的，有多少人愿意主动去做那些有挑战性的事情呢？所以，真正需要考核的是改进性工作。因为有考核，才更容易驱动员工去挑战那些有难度、需要创造性的工作。而大家也知道，改进性工作我们是通过 OKR 来管理的，这就回答了一个问题：OKR 需不需要考核？答案是需要。

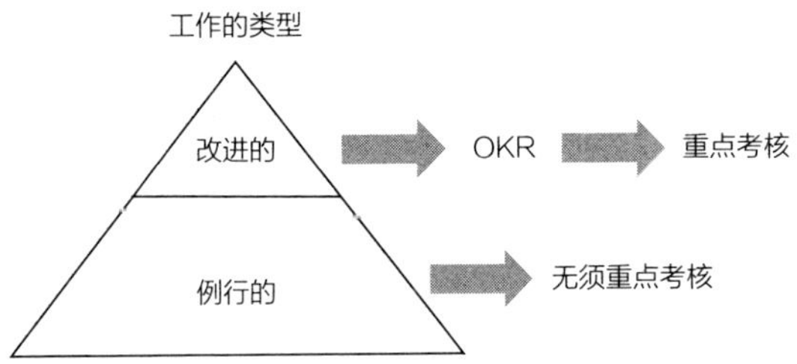

“复仇女神”

既然 OKR 要考核，而且还是主要考核的对象，那问题就来了，怎么考核呢？答案是：不能直接考核结果。所谓考核结果，准确地说就是考核 KR 的量化值。很多人应该都清楚原因是什么。如果你要考核 KR 的量化值，员工在设定这个值的时候可能就不愿意接受挑战了，会尽可能设定更低的值。但这个原因并不是最主要的原因，最主要的原因是它违背了我们的根本目的。在 OKR 里面，O 是目标，是我们真正追求的核心要素，而 KR 只是用来对 O 进行描述的。O 是核心，KR 是辅助，O 比 KR 重要，大家从 OKR 的表达形式上也能看出来，O 在上，KR 在下。大家还记得下面这个例子吧？

O	大幅改善体质
KR	KR1：减肥20斤 KR2：降血压20%

O 是大幅改善体质，KR1 是减肥 20 斤，KR2 是降血压 20% 。请问你真正关注的是什么？是大幅改善体质对不对？这才是你真正的目标。而减肥 20 斤和降血压 20% 只是用来衡量改善体质的两个程度性的

描述而已。如果你要考核这两个 KR 的量化值，想想看，员工会不会忽视“改善体质”这个真正的目标？毕竟，如果你想快速减肥或降血压有的是方法，但很多方法恐怕都是对身体有害的。所以，如果真的想用好 OKR，必须彻底摒弃成果主义的思维，不要妄图直接控制结果，否则你一定会被结果“报复”。

> 当有了管理和被管理，有了 KPI 之后，人的行为会失常。在 KPI 这件事上，我们是走过弯路的，比如我们曾经尝试把 KPI 细化。有人说你们火锅店服务真好，我有个眼镜，他就给我个眼镜布；我杯子里的水还没喝完，他就又给我加满了。
>
> 所以我们就写了一条：杯子里的水不能低于多少，客人戴眼镜一定要给眼镜布，否则扣 0.05 分。这下完蛋了，来一个人就送眼镜布。客户说豆浆我不喝了，不用加了，不行，必须给加上。
>
> 最好笑的是手机套。有的客人说不用，服务员说我给你套上吧，客人说真不用，结果他趁你不注意的时候，把手机抓过来给你套上。
>
> 这是干吗呢？因为不这么干要扣分啊！后来我就发现，老师早就讲过了，每一个 KPI 指标背后，都有一个“复仇女神”在某个地方等着你。
>
> 后来我自作聪明地认为，那我就不考核这些具体的事情了，我考核一些间接指标。我不考核你赚多少钱，我就考核你

的翻台率是多少。因为翻台率高就证明你的服务满意度高啊，翻台率高就意味着赚钱多了嘛。

结果有一天，我在北京一家店，电梯间里，听到一个四川人跟另外几个四川人讲：“我要让你们见识一下在北京的四川火锅有多牛，你不订是绝对没位置的！你订了座晚去几分钟，也是没位置的！”

我就纳闷了，怎么晚几分钟就没位置了？这不是损害客户利益了吗？客户已经不满意了，这还怎么做生意啊？后来内部一问才知道，原来问题出在考核指标。因为预定客人不一定准点来，但现场还有客人在排队，空台等你的话，翻台率就少了一轮。

这下我就崩溃了，我找不到考核的指标了。

——摘录于2017年4月在河南郑州举办的
中国绿公司年会创变者专场张勇现场分享

我再继续以销售工作为例，因为销售工作是我们通常认为最容易量化的工作。但是，即便是最容易量化的工作，如果直接采用量化考核，其实也是有一大堆问题的。比如，你公司的产品，有的好卖，有的不好卖。一般对于工业品来说，老产品好卖，新产品不好卖；对于消费品或者服务业来说，一般是新产品好卖，老产品不好卖。另外，通常来说，便宜的产品好卖，贵的产品不好卖。总之，只要你直接考核销售业绩，难卖的产品就没有人想卖。

同理，你公司的客户，肯定也有容易搞的客户和难搞的客户，如果你直接考核销售业绩，难搞的客户也没有人愿意去搞。

还有，如果你公司的业务划分了不同的区域或门店，那肯定也有好坏之分。比如，有的区域或门店人流量大，目标客户集中，有的就不行，如果你直接考核销售业绩，不好的区域或门店也没有人想去干。

最后，如果你直接考核销售业绩，制定目标的时候，员工就会极力抵制高目标。他当然要抵制，收入跟目标挂着钩，肯定要把目标弄得越低越好。

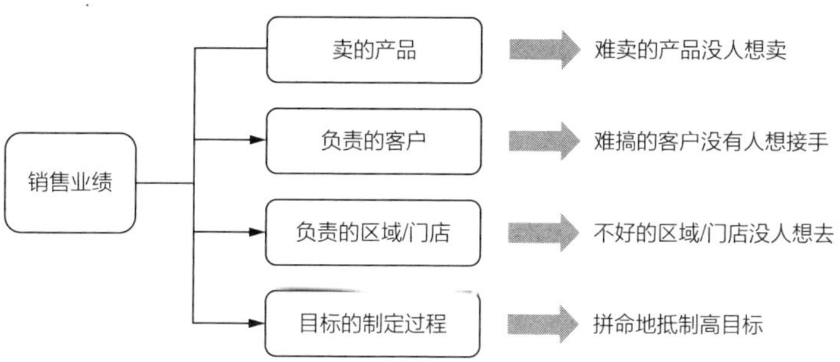

以上这些方面，要么会被员工刻意筛选，要么会被员工抵制，最终经营者或多或少都会进行妥协，而妥协的后果就是战略落地的失败。经营者的想法再好，执行不下去，也没有任何意义。

不要认为你能控制结果，任何人都没有办法直接控制结果，想要改变结果，你只能改进过程。既然如此，OKR 该怎么考核就很清楚了。既然你要的是改进过程，那就**直接考核这一点：去看看员工在实现结果的时候有没有改进过程。**所以，对于 OKR，我们实施的是过程考核。所谓过程考核，说得再直白一点，就是定性考核，不跟任何量化的数值直接挂钩。

讲到这里，我们来回应一下前面提到的一个说法。我们前面说要弱化绩效考核，那么什么叫作弱化绩效考核呢？它有两个含义：

第一，尽可能少地应用考核，直白一点是能不考核就不考核。因为只要考核，就会把人分成三六九等，总有人不开心，所以考核越多抱怨就越多，麻烦就越多。最好不要对例行性的工作进行 KPI 考核。如果例行性的工作不用 KPI 考核，企业内绩效考核的工作量就少了一大半。那么，是不是例行性的工作就完全不考核呢？其实也不是，大家先别急，我等一下来讲。

第二，不要直接考核结果。要做过程考核，定性考核，你必须确认过程改进是否真的落实了，而不是简单看一个数字结果有没有实现。从 KPI 到 OKR 不是一个管理工具的改变，而是一次价值观的改变。如果你的思维还停留在成果主义的价值观下面，你永远也无法发现 OKR 的价值。

案例：稻盛和夫的考核方式

可能有人要问，过程考核是定性的，这会不会不科学？会不会造成不公平？我只想说，你认为定性考核不科学、不公平，那是你的误解，你以为量化的考核就是科学的、公平的吗？

举个最简单的例子。两个销售人员，业绩好的那个一定更努力、能力更强吗？经验告诉我们，经常都不是。你追求量化，就是追求结果，但是结果是受很多因素影响的，有主观的，也有客观的，这么多因素影响，怎么可能科学？怎么可能公平呢？主观的因素你还能控制，很多客观因素你根本无法控制，甚至无法预测，例如气候变化、政策调整、发生疫情、客户需求变化、内部其他部门工作出现问题，等等，太多太多的因素会影响结果，用结果来考核，反而不科学、不公平。至于你还认为所谓量化考核是科学，只能说明你的思维已经落后于时代了。要知道，现在很多世界 500 强企业甚至国内优秀企业都是采用定性考核的方式，定性考核必定会成为一种趋势。

但是总得考核啊，后来我发现，一家餐厅好不好，我们其实非常清楚。

我们都吃过饭，都传递过这样的信息：这家餐厅不错。很多人根据这个“不错”去吃了，然后说“确实不错”，这个“不错”的口碑就形成了。没有什么指标，但是传递得非常准。

我发现，在餐饮行业里，柔性（定性）指标起决定性的作用。顾客满意度可能没办法用指标去描述，但是我们可以感知。包括人的努力程度也是，没有办法用指标去证明，但是我们的顾客、同事，包括去检查的人，都可以感知到。所以我决定，把所谓的 KPI 全部去掉，就只考核这一个指标。

怎么考核呢？一个副总组织一堆神秘人去考核。后来发现非常准，这样店长也没话说，你不能把差的说成好的。

我把所有的店分成 A、B、C 三级，A 级是要表彰的，B 级就在这儿待着，C 级需要辅导。但是我不会扣你钱，会给你一定的辅导期，超过这个辅导期依然干不好，店长就要被淘汰。

——摘录于 2017 年 4 月在河南郑州举办的

中国绿公司年会创变者专场张勇现场分享

日本经营四圣之一的稻盛和夫在盛和塾指导塾员的时候，有日本企业家专门向他提问关于如何进行绩效考核的问题，稻盛和夫说了这么一段话，清晰地阐述了真正科学的考核方式是怎样的，希望大家反复多读几遍，一定受益良多。

在管理企业时，没有要比评价一个人更难的事情了。即便只有二三十名员工，要想对他们进行适当考核，并决定是否加薪也同样不是个简单的事情。正是由于这件事的难以操作性，所有的企业经营者都想找到是否存在依靠一定的规章制度客观进行人事考核评价的方法。

然而，规则一旦制定，立刻就会产生各种矛盾，因此最终无法得到顺利的执行。就算有企业自称“在制定了相应规则后，情况趋于良好”，也并非真就有它们说的那么好，只不过是这些企业自认为良好而已。

因此正是由于对员工做出适当评价是这样一件困难的事情，又不知道该如何制定相应的规章制度，你才会想到来向我打听锦囊妙计，然后指望着回去如法炮制。

然而事实情况却是，在进行人事考核时，并没有什么简单易行的规则来帮助你对手下员工做出正确的评价。如果你真心希望进行这样的评价的话，作为公司领导者，你就必须花费心血，注意到手下400名员工中的每一个人。为此，企业经营者应该亲自深入企业的各个部门，也就是说，经营者要亲自去参加所有的会议等活动。

…………

在这种时候，为了获得客观的考核方法，不少企业都采用了成果主义的考核模式。所谓成果主义就是指企业对提高业绩的员工增加薪酬，反之对于那些无法提高业绩的员工则几乎不增加薪酬。然而现实情况却是，即使企业打算通过成果主义来促进员工的工作积极性，最终仍然无法依愿而行。尽管对那些能够顺利完成所定目标、取得一定成绩的员工的确应该予以奖励，然而与此同时，企业却不能对那些虽然没有实现预定目标，但依旧为实现这个目标而付出辛劳的员工给与应有的认可的话，那么终究无法全面提高企业员工的工作积极性。因此在对员工进行评价考核时，并非依靠几个数字就能解决问题。

所以，考虑到上述这种人情世故和人的心理特征，在评价一名员工时就不能完全按照理性来进行。员工业绩提高了就增加奖金，业绩下降了就减少奖金的这种成果主义做法，虽然一眼看上去非常客观，然而在以不少大公司为首的企业采用之后，并没有产生很好的效果。其根源还是在于这种做法最终会使企业员工丧失工作积极性。

…………

企业的经营者在制定了相关的规章制度后就撒手不管的做法当然轻松，然而更重要的是，经营者还必须扎扎实实地倾注心血，亲自去督导手下的员工。以我本人为例，我会出席下属各个部门的会议，在会议上认真倾听员工们的意见，观察他们列举数字进行说明的样子。然后又会在工作之外，在公司举办的联谊聚会上再次倾听观察同一个员工的言行，然后就足以最终认清这个人究竟是个“工作好手”，还是个“虽然在开会时能说些豪言壮语，但是做人却不行，是个靠不住的家伙”。与此同时，我也要求自己的干部利用这种方式来对手下做出评价。我认为在进行人事考核时，关键的一点不在于制定好规章制度，然后依照这个规章制度进行评价，而完全在于经营管理者在共同日常工作当中“对自己手下的员工到底能够关注到什么样的程度”。

正因为对员工进行评价是一件困难的事情，所以企业的经营者就必须谙熟员工心理，倾注心血，认真慎重地做好这件事情。

——摘录于《创造高收益（贰）——稻盛和夫亲自讲述活用人才的 16 个重要问题》

稻盛和夫明确表明，在评价一名员工时，不能完全按照理性来进行，不要总想着依靠几个数字就能解决问题。他自己是怎么考核员工的呢？他说就是要细心观察这个员工工作的方方面面，说白了就是要充分了解员工的工作过程，才能做出准确的评价和考核。**为什么那么多企业喜欢量化考核呢？原因很简单，就是当领导的不愿意承担责任，不愿意倾注心血，只追求短平快，既想要结果，又想要轻松，哪有那么好的事情呢？**领导不关注员工的工作过程，自然就很难指导员工，跟员工的沟通也会很匮乏，很多领导慢慢就丧失了对员工的领导力。

大家再注意，稻盛和夫说的这句话：“在评价一名员工时，不能完全按照理性来进行。”为什么他说不要那么“理性”呢？这是不是跟我们的想法有些冲突？大家先记住这句话，后面我再来跟大家解释。

ABCDE

先说过程考核的具体做法。有人说，不能客观量化的考核不就是主观性的考核吗？其实不能这么说，不能量化不代表就不客观。什么是客观？客观是指人的主观意识之外真实存在的东西。量化的结果是客观的，但是产生这一结果的过程也是客观存在的，你只看结果不看过程，这种客观显然是不完整的，有缺陷的。

定性考核，虽然不像定量考核那么直观，但是可以做到相对合理和准确，这就有点像奥运会的跳水比赛，需要一组裁判来打分，虽然每个人打的分数会有差异，但总体来说，还是比较准确的，最优秀的运动员分数总是最高的，出现较大偏差的概率较低。所以，当我们在做 OKR 过程考核的时候，也可以采用类似的方法。例如，可以采用 360 度评价的方法，让相关人员一起参与考核或者提供考核信息，最后的打分可以分成 ABCDE 五个等级，分别代表优秀、良好、合格、不足和亟需改进。

A	B	C	D	E
优秀	良好	合格	不足	亟需改进

当然，你也可以只分 ABC 三个等级，这并不重要，根据自己企业的需要进行调整即可。

还是用我们之前的这个例子。O 是大幅改善体质，KR1 是减肥 20 斤，KR2 是降血压 20%。对于负责这个 OKR 的人，如果按照过去的成果主义思维，只要 KR1 和 KR2 的量化数值实现了，就应该获得好的评价等级。但是如果从 OKR 的角度来看，就不能光看量化的结果有没有实现，还要看实现的过程是怎么样的。如果他是通过吃减肥药和降压药来达成 KR 的，那就不能获得好的评价，因为这违背了我们的目标，我们的目标是大幅改善体质，不是伤害体质。所以，如果让我来考核的话，考核结果肯定是 D 或者是 E，即便他完全达成了 KR 的量化值也是一样。那么什么情况下可以得到好的考核结果呢？比如通过锻炼身体、合理控制饮食来达成 KR，就有可能获得较高等级的考核结果，至于到底是 A、B 还是 C，那就要看他在这个过程中努力的程度和最后的效果了。总之，对 OKR 的考核是一个综合的、定性的判断，不能简单地只看结果。

前面我讲了例行性的工作不要通过 KPI 去考核，那该怎么考核呢？其实操作方式很简单，就是做异常管理。什么意思呢？就是例行性的工作如果没有什么异常，就不要过多地干预，更不需要浪费时间不停地考核，但是一旦出现了异常，就要立刻去管理。举个例子，一名员工，他的工作由例行性工作和改进性工作两部分组成。如果他的例行性工作没有发生异常，原则上我给他的考核等级主要参考的是他的改进性工作的表现，也就是他执行 OKR 的情况。但是，如果他所负责的例行性工作出现了异常，这个时候，我就要把这个异常加入考核的范围里面去。但是，大家一定要注意，即便是考核例行性工作，也是过程考核，而不是结果考核。比如，你不能建立一个制度，说员工出现一次异常就扣多少分。原因是什么呢？因为员工的例行性工作出现异常通常都不是他故意造成的，如果你不分青红皂白就扣员工的分，只会打击员工的士气，让员工产生抱怨。大家一定要记住，**在企业里面，当问题发生的时候，我们的首要目的是解决问题，而不是惩罚员工，不要本末倒置。**我看到很多企业的规章制度里面总是有一大堆的惩罚性条款，我想问一句，你罚了那么多，问题解决了吗？再也不会复发了吗？所以，当出现问题的时候，你可以帮他分析原因，当然你也可以让他自己分析，看看问题到底出在哪里。最后，大家都搞清楚了问题产生的原因，作为领导，你可以根据问题的严重程度以及员工需要承担的责任来综合考虑给他什么样的考核等级，这个时候的 ABCDE 就是综合考核了例行性工作和 OKR 的一个打包体。

再次重申，我不建议大家用 KPI 的方式去考核例行性工作。大家知道 KPI 叫作关键绩效指标，OKR 叫作目标与关键结果，都是关键的，那企业里面还有什么不是关键的？这样做只会让企业的管理重点变得极不清晰，管理者的精力完全被分散了，对于企业来说其实是个灾难。

对人要感性

大家可能觉得这样的考核方式是不是太感性了，很多标准和尺度都要求主管自己来把握，会不会对主管的要求太高了？但是大家要明白，考核下属就是主管提高领导力的一种重要方式。你想想看，如果考核的过程完全指标化、量化，那下属为什么还要接受主管的领导呢？他的收入只跟 KPI 挂钩，完全不需要再听主管的指令，那主管对下属的领导力只会越来越弱。我们很多企业一方面在不断地培训主管提高领导力，另一方面又在通过 KPI 考核削弱主管的领导力，这难道不是有点精神分裂吗？

至于你说考核方式太感性了，还记得前面稻盛和夫讲的那句话吗？“在评价一名员工时，不能完全按照理性来进行。”大家要记住：**对事要理性，但是对人要感性**。很多人都搞错了，**量化的指标和数字不是用来考核人的，它是用来分析问题、研究问题的**。人是有感情、有情绪的动物，你不能老是拿一个冷冰冰的数字来考核他，你说他怎么不抱怨，怎么不难受呢？

我记得自己刚从本田离职去一家民营企业工作的时候，有一次公司讨论一个重要的管理问题，所有高管都聚在一个会议室里，其中一名高管站起来简单描述了一下事情的起因经过，接下来大家就“如何解决该问题”展开了热烈的讨论，只有我一个人坐在角落里眉头紧皱，一言不发。大家讨论累了，突然想起我来，有人问我：“杨经理，你在世界五百强企业干了那么多年，经验丰富，你说说该怎么办？”听到这话，我十分尴尬，面露难色，竟半天说不出话来。他们哪里知道，**以我在世界五百强企业长期工作的“经验”，不是立刻给出他们想要的解决办法，而是应该赶紧停止这个毫无意义的讨论会，指派专人去问题发生的现场收集相关的信息和数据**，在事实不清和数据严重缺乏的情况下，我不想参与这种会议。

我们很多企业完全搞反了逻辑。考核员工的时候，什么都要理性、客观、量化，还觉得自己很科学，但是真正做决策、解决问题、制定 OKR 的时候，什么数据都没有，也不去现场调查研究，就根据自己的感觉拍脑袋，这不是黑白颠倒了吗？

我的实践经验是，绩效考核本身有必要加入一些感性的元素。因为需要考虑的因素很多，需要给主管一些自由调控的空间，这个空间恰恰就是让主管发挥影响力的机会。绩效考核应该以客观理性的原则为基础，但有时主管为了达到合理的用人目的，可以对考核结果进行适当的调节，所谓客观理性不是绝对的。

我举个具体一点的例子。假设我有两名下属，员工甲和员工乙，其中员工甲独立完成工作的能力较强，如果让他们两人分别去完成类似的工作，员工甲的绩效大概率会高于员工乙，但是作为上级，我不可能任由员工乙把事情办砸而无动于衷，我一定会通过过程管理介入到员工乙的具体工作中，在员工乙推进工作有困难时及时提供协助，甚至替代员工乙完成部分难度较高的工作。这样从最终的绩效成果来看，员工乙很可能高于员工甲，那这个时候问题来了，在进行绩效考核的时候，谁的绩效等级应该更高呢？这个时候，就不能单纯看绩效成果的好坏，而是根据整个过程中员工甲和员工乙所发挥的作用来综合评定，所以最终员工甲的绩效等级还是会高于员工乙的。这个案例还可以再延伸一下。比如，员工乙在这个过程中虽然获得了上级的大量协助，但是根据我的评估，在完成工作的过程中，员工乙取得了巨大的进步，那么这个时候，我能不能考虑给员工乙一个较高的绩效等级，从而进一步激发他的成就感和自信心呢？答案显然是肯定的。因此，员工乙也有可能获得跟员工甲一样的绩效等级甚至高于员工甲的绩效等级。所以，你现在能理解稻盛和夫所说的"在评价一名员工时，不能完全按照理性来进行"这句话的真实含义了吧？

我知道很多人可能会对我说的这种定性考核方式比较抗拒，原因很简单：企业里面很多领导都是甩手掌柜，他们根本不了解员工的工作过程，所以，自然就没办法进行过程考核，而且，他们对自己评出来的考核结果也很不自信，更加说服不了员工接受。

现在大家都在说员工越来越难管，其实不是员工越来越难管，而是领导越来越弱势，对员工的影响力越来越差，在员工面前越来越没有自信，害怕得不到员工的认可，害怕被员工反对。这样下去，企业怎么可能做得好？这一切的症结就在 KPI 考核，就在成果主义思维上。所以，我们要轻绩效考核，重绩效管理，认认真真地把 OKR 做起来，把过程管理做起来。

隐形裁判

绩效考核是一个综合性的评价，包含很多因素，是一个以客观性为基础，但又适当加入了少量主观判断的评价。所以，我们不必追求绩效考核的绝对公平，也不可能有绝对的公平。一旦你想追求绝对的公平，就倾向于将绩效考核指标化、量化和绝对化，而这样的做法只会让你陷入更大的泥潭而不能自拔。很多人苦苦找寻的绩效考核制度，是一套既能有效地区分员工的绩效，还能轻松说服员工乐于接受的制度，可以这么说，这样的制度我至今没看见过，我也不相信有这样的制度。其实，说服员工接受并不重要，因为绩效与薪酬本来就是保健因素，员工的抱怨是不可能杜绝的。而区分员工的绩效，更加不能作为我们的目的，你唯一正确而有意义的做法就是：**通过 OKR 的导入和实施，让员工从工作过程中获得乐趣和成就感，让员工爱上工作**。只有这样，员工的注意力和焦点才不会集中在绩效考核的结果上，企业才会真正健康和谐。

绩效考核到底在企业里扮演什么样的角色呢？我来做个形象化的比喻，有点像足球比赛里面的裁判。一场足球比赛，为了公平起见，必须有裁判，裁判在场上做出各种判断和裁决是以规则和事实为依据的，必须保证公平客观。但有时为了控制比赛的节奏也会加入一些他自己的主观判断，比如，有时裁判会对某些微小的犯规视而不见，因为他要保证比赛的流畅性和观赏性，不能因为某些微不足道的犯规而把比赛变得支离破碎，他的目的是希望无论是球员还是观众都能尽情地享受比赛的过程。所以，真正优秀的裁判会让人感受不到他在场上的存在，因为所有人的焦点都不在判罚上，而在享受比赛的过程中。绩效考核所承担的角色就是这样的一个状态，大家不妨细细品味。

大家可以思考一个问题：绩效考核的结果，也就是 ABCDE，跟薪酬挂钩的部分应该多一点好，还是少一点好？其实答案已经不言而喻了，当然是少一点好。我举个可能不一定很恰当，但是却很容易理解的例子。比如逢年过节，很多地方有打麻将的习惯。大家约上亲朋好友，为了玩得尽兴，可能就要打点儿“小钱”，这样可以增强娱乐性。但是最好也只限于打一点儿“小钱”，千万别打大了，如果打大了，所有人的焦点就不在打麻将本身上了，而变成了赢钱，原本娱乐的属性就变味了。最后，你赢了我的钱，我就不开心，不想让你走，想要赢回来，最后变成闹矛盾，搞不好亲戚朋友都没得做。

考核结果与薪酬挂钩得越多，员工的焦点就越会转移到保健因素上，你的麻烦也就越多。但是为什么那么多企业总想挂钩多一些呢？原因只有一个，你想用钱来刺激员工努力实现结果，你对员工产生了依赖，忘记了过程管理才是实现目标的基础。说白了，还是成果主义的思维方式在作祟。当然，绩效考核结果与薪酬的关系并没有这么简单，有能力的员工必然会得到更高的薪酬，这一点是毫无疑问的，只不过，这种对员工薪酬的承认应当遵循“延迟满足”[①]的原理，反映在员工长期的待遇中。这就涉及薪酬结构设计的问题，在本书中就不展开了，有兴趣的读者可以去看我写的另一本书《当薪酬不再与绩效挂钩》，里面有更加详细的阐述。

以上讲了关于如何进行绩效考核的具体做法。我可以非常自信地告诉大家，这种考核方式就是最科学、最有效，也是最具操作性的方式，很多世界 500 强企业就是这么做的。可能不同企业会稍微有些形式上的区别，但是核心思路跟我讲的一样。

“KPI 考核虐你千百遍，你却待它如初恋。”是时候开始反思过去的做法了，认真修正自己对绩效考核的认知，不要一条道走到黑，这也是 PDCA 循环的思维方式。

---

① 20 世纪 60 年代美国斯坦福大学心理学教授沃尔特·米歇尔（Walter Mischel）设计了一个著名的关于“延迟满足”的心理学实验，证明一个人如果能够很好地控制自己“即时满足”的欲望，将有更高概率实现更长远、更有价值的目标

第十三章
如何处理KPI？

异常管理

前面我讲过，工作分成两类：一类是改进性工作，另一类是例行性工作。你可以简单这么看，改进性工作对应的是企业的战略，战略会为企业带来新增的绩效，而例行性工作对应的是员工的岗位职责，员工履行岗位职责，目的是维持企业现有的绩效水平。这就很容易让人想到可以用 OKR 来管理改进的工作，而用 KPI 来管理那些例行的工作。前者没有问题，但是否可以用 KPI 来管理例行的工作呢？这就要打一个问号了。

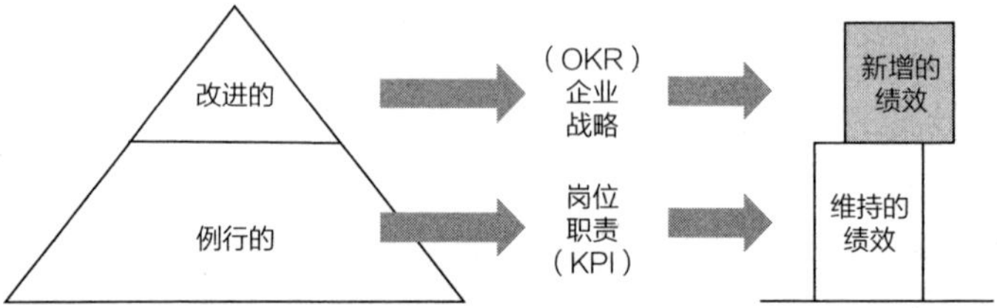

一般人所说的用 KPI 来管理，其实指的是 KPI+ 考核的方式。可以很肯定地说，用 KPI 考核的方式很难对例行性工作进行有效管理，因为 KPI 考核并不具备管理的功能。这种方式的本质是成果主义，就是根据成果的好坏进行奖惩。问题是，等到奖惩的时候结果已经发生了，再进行奖惩还有什么意义？

> 我问张勇："你们连每个火锅店的营业额也不考核？"
>
> 张勇说："对。我们不仅不考核各店利润，也不考核营业额和餐饮业经常用的一些 KPI，如单客消费额等。因为这些指标也是结果性指标。如果一个管理者非要等这些结果出来才知道生意好坏，那黄花菜不早就凉了。这就等于治理江河污染，你不治污染源头，总在下游搞什么检测、过滤、除污泥，有什么用？"
>
> ——摘录于黄铁鹰所著《海底捞你学不会》

KPI+ 考核就是"事后管理"，问题是都已经"事后"了，你除了奖惩员工之外，还能干什么？所以，"事后管理"本质上就是没有管理。真正有效的管理应当是过程管理，哪怕是例行的工作。只不过，因为例行的工作已经是成熟、稳定的工作了，所以，作为领导，你不需要对每件事情都去跟踪过程，只需要进行异常管理就可以了。也就是说，**如果例行的工作没有出现问题，你的焦点就在改进的工作上；如果例行的工作出现异常，再及时把焦点转移到例行的工作上来。**

案例：别去找“背锅侠”

可能有人会觉得奇怪，既然都已经是例行的工作了，为什么还会有异常？是不是因为员工的积极性或工作态度出了问题？这个时候，我加上一点考核不就解决问题了吗？我只能说，你把问题想得太简单了，例行工作出现异常的原因，多半都不是因为员工的积极性或态度出了问题。

还记得我在前面讲过的案例吧？你的 100 米跑的最好成绩是 13 秒，理论上来讲，只要你用尽全力，就能维持住 13 秒的成绩，问题是这只是理论上的推断。它有一个假设，就是所有的外部条件保持不变。但是，大家要知道，企业不是在一个静态的环境下经营的，而是身处在复杂的市场环境之下的，面临各种各样不可预知的变化，而这些变化都会对企业的经营过程和经营结果产生影响。就以这个 100 米跑的例子来说，如果在你跑步的过程中，突然逆向吹来了一阵强风，你就不可能跑出 13 秒的成绩了。这个时候，我能怪你不努力吗？显然不能。

我们来看工作中的一个实际案例。比如，某岗位在饱和工作的情况下，每天要处理 100 个文件，其中有 1～2 个文件可能发生错误，这个时候，我们可以给它设定一个 KPI：错误率要小于等于 3%。管理者一般认为这样做很合理。如果员工的出错率超过了 3%，说明他的工作态度有问题，应该在考核上给予一定的惩戒。这是典型的绩效考核的思维。可是，如果从绩效管理的角度来看，就不能只看这个结果，必须去看出现这个结果背后的原因是什么。如果员工的出错率超过 3%，我告诉你最有可能的原因是什么：比如，某段时间公司的业务量突然增加了，导致他原来每天只处理大约 100 个文件，现在每天不得不处理 120 ~ 130 个文件，在这种情况下，他的出错率超过 3%，你觉得很奇怪吗？本来每天处理大约 100 个文件的工作量就已经饱和了，现在凭空又多出二三十个文件来，他就要超负荷运转，在超负荷运转的情况下，出现错误率升高的情况，你觉得正不正常？

另外，出错率超过了 3%，有没有可能跟他的上一道工序有关？比如他的上一道工序在把文件交付给他之后，多次追加了调整或变更，最后导致他的出错率上升？有人说，那就是他的上一道工序有问题，应该同时对上一道工序进行 KPI 考核，要求上一道工序在交付文件之后，变更率不能超过多少多少。那我告诉你，如果这个变更是客户要求的呢？你再去考核客户吗？那客户可能直接告诉你，你们公司不做就算了，我找别的公司做。

所以，你不能简单地用 KPI 考核的方式来管理例行工作，考核解决不了任何问题。你越考核，员工越不满，最后员工离职了，你再找个新员工来做，结果绩效还不如原来那个，你说，你不是在惩罚自己是什么？

绩效考核不是我们的主要目的，只要有考核就有抱怨，所以能不考核就不要考核。例行性工作是工作的主体，如果都要考核，就会搞得考核指标满天飞，既增加了工作量，还影响了企业的氛围，所以完全没有必要。

KPI 考核不会产生改进，没有真正地解决问题，只有通过绩效管理才能真正地解决问题。绩效管理的本质就是过程管理，当例行性工作的结果出现异常时，我们马上要去查看异常出现的原因，找到真实的原因，然后解决问题，而不是用考核的方式来惩戒员工。我们大多数企业总是有一个误区，工作中一旦发生问题，第一时间就想找人负责，好像找到了背锅的人就能解决问题一样。你的目的是要提高绩效，不是要找“背锅侠”。

很多日本企业经常会采用一种管理手段，叫作“防呆措施”。什么意思呢？就是在工作的时候，有些员工可能会发呆，一旦发呆，就可能造成工作失误。如果在我们国内企业中，这种情况肯定要给员工扣绩效分，但是在很多日本企业，它们并不认为这完全是员工的责任，因为人都是有生理极限的，长期从事单调的工作，很难保证一直保持高度的注意力和工作热情，所以，发呆是正常的，犯错误也是正常的，是应该被允许的。企业要做的是，找到出现问题的具体工序和流程，通过改进这些工序和流程，使之更加合理，让这些工序和流程即使遇到员工偶尔发呆的情况也不至于产生错误，这就叫作“防呆措施”。这种做法其实就是绩效管理的思维。

案例："员工流失率"该考核谁？

讲到这里，可能很多人会觉得我在全面否定 KPI。其实并不是，我从来不否定 KPI，相反，我自己也在使用 KPI，只不过我使用 KPI 的方法跟大家有些不一样。大家使用 KPI 一般是来做绩效考核的，而我用 KPI 是来做绩效管理的。

其实，KPI 除了可以被用来考核之外，还有很多别的功能，只不过被大家忽略了。比如，KPI 是一个指标，这个指标对应着相应的数据，我们可以对这些数据进行收集，进行分类统计，然后分析这些数据，从中发现问题，甚至还应该去现场调查，查找问题出现的具体原因是什么。找到原因之后，我们还可以研究对策，看看可以用什么方法来改善这些数据。看到了吗？ KPI 的功能不止考核这一个，其他功能反而是更加重要的。很遗憾的是，这些功能，几乎没有多少企业关注到。

我给大家举个例子。比如员工流失率，你们公司在做绩效考核的时候会考核这个 KPI 吗？你觉得这个 KPI 应该考核哪个部门呢？有人说应该考核人力资源部。那根据你的经验，你认为人力资源部能控制这个 KPI 吗？我以前在线下上课的时候问这个问题，在场几乎所有的 HR 都摇头。如果人力资源部控制不了这个 KPI，那是不是应该考核用人部门呢？那么用人部门又能控制得了这个 KPI 吗？用人部门的领导可能在想，我要能控制住这个 KPI，还要你人力资源部干什么？然后就有人给出了两全其美的解决方案，要不既考核人力资源部，同时也考核用人部门，这样大家就没有意见了吧？也许大家都没有意见了，但问题是，这个 KPI 真的得到了有效的管控吗？根据你的经验，只要把员工流失率这个 KPI 同时绑定到人力资源部和用人部门的负责人身上，就能有效地降低员工流失率吗？

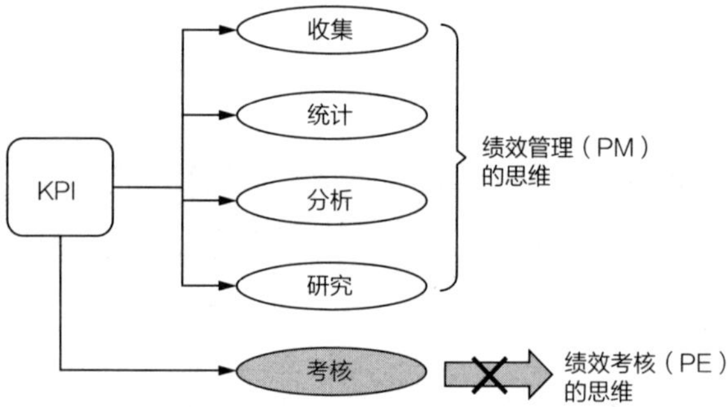

这就是绩效考核的思维方式，永远都在寻找“背锅侠”，却不去解决问题。你知道员工流失率是怎么造成的吗？是哪些岗位的员工在流失？每个岗位流失了多少？每一个人流失的具体原因是什么？不搞清楚这些问题，怎么可能降低员工流失率？跟你要考核哪个部门根本就没有关系。**搞清楚问题背后的原因，并最终解决问题，这就是绩效管理的思维方式。**

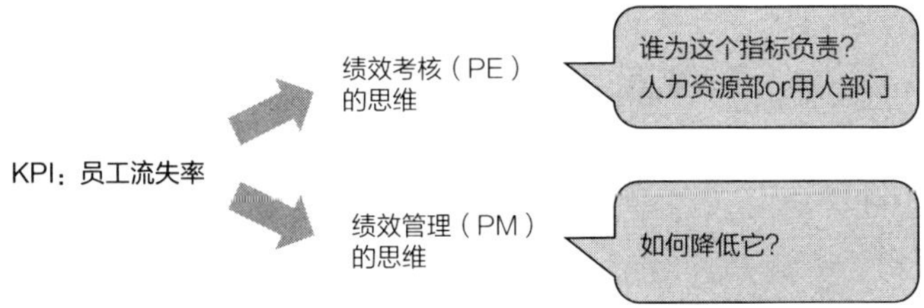

我来给大家示范一下，应该如何分析员工流失率这个 KPI。比如，某企业员工流失率以前一直都不高，但是最近两年，员工流失率越来越高，这就相当于出现了异常情况。这个时候，我们就有必要对这个 KPI 进行管理了。

首先，如果一家企业规模比较大，每年员工流失的人数也有可能是比较大的，这个时候如果想要搞清楚员工为什么流失，是比较困难的。因为那么多人流失，每个人流失的原因很可能各不相同，这样会把我们搞糊涂，而且很容易让我们产生感性的误判。所以，我们应该首先把员工流失的人数进行统计分析，比如最近 2 年，公司流失了这么多人，有没有可能某些少数部门流失的人员特别多？当然有可能。比如，我们统计后发现，流失人员主要分布在甲部门，那好，我们就先把精力放在减少甲部门的员工流失率上，因为甲部门流失的员工最多，如果我能大幅减少甲部门的员工流失人数，就能让整个公司的员工流失率大幅下降，这个思路就是二八定律——抓重点，不要老想一下子解决所有问题，必须要聚焦，一个一个来。抓到甲部门这个重点之后，我们还要再进一步分析，因为甲部门还有很多岗位，有没有可能流失的人员都集中在少数岗位上呢？当然也是有可能的。比如，我们统计后发现，在甲部门里，

A 岗位的流失率最高，于是我们的目标就锁定在 A 岗位上。因为只要解决了 A 岗位流失率的问题，甲部门的员工流失率就能大幅降低，整个公司的员工流失率就能大幅降低。这个时候我们研究的对象，就从一个宏观的员工流失率，变成了具体的甲部门的 A 岗位，这个时候我们就可以去调查员工流失的原因了。可以一个一个地调查，多找相关人员进行访谈，了解具体情况，彻底掌握员工流失的真正原因。比如，我们最后发现，甲部门 A 岗位的员工流失之所以那么严重，主要是因为 A 岗位简单重复的工作太多，导致员工缺乏成就感。了解这个原因，那么具体的改进措施也就水到渠成了。比如，改进措施可以是：通过建立多岗位轮换制度，降低员工流失率。如果你的数据统计没错，原因分析真实可靠的话，那么只要彻底实施改进措施，员工流失率就一定可以得到有效的降低。

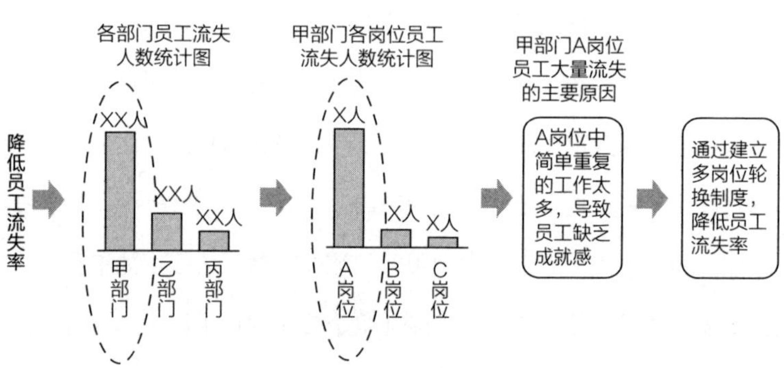

以上，就是用 KPI 来实施绩效管理的全过程，不知道大家有没有从中得到一些启发呢？

根据上面分析得到的改进措施，我们可以制定出一个 OKR：O 是通过建立多岗位轮换制度，降低员工流失率。KR 可以有三个，KR1 是员工流失率从 *x*% 减少到 *y*%，KR2 是 4 月前颁布岗位轮换制度；KR3 是 5 月开始在甲部门内试点实施第一批岗位轮换。

O	通过建立多岗位轮换制度，降低员工流失率
KR	KR1：员工流失率从*x*%减少到*y*% KR2：4月前颁布岗位轮换制度 KR3：5月开始在甲部门内试点实施第一批岗位轮换

当然，以上只是一个案例，为了让大家容易理解，我刻意把问题简化处理了，大家不需要纠结具体的改进措施的好坏，只要把关注点放在我的思维方式上就好了。

体质参数

我们想用 KPI 来维持业绩，这种想法并没有错。但是维持的正确方法不是对那些例行性工作进行考核。

你可以参考我们“维持身体健康”的办法。平时，自己的身体如果没有什么异样，我们不需要频繁地关注它，但是，可以采用定期体检的方法来发现异常情况，及时采取应对措施。

我们可以把 KPI 当成企业的“体质参数”。相信大家都参加过体检。每个人有一张体检表，上面罗列了各项体质参数。如果你的体质参数都正常，原则上你就不需要过多地关注。但是，如果某项体质参数出现了异常，这个时候你就必须及时介入，进行更详细的检查，找出问题背后的原因，认真解决。这就是绩效管理的思维。

大家发现没有，当你学会绩效管理的思维，KPI 是可以转化为 OKR 的，你不需要用 KPI 来考核例行性工作，但可以用 KPI 来进行统计分析，从中提炼出 OKR 来。很多企业抱怨员工不会写 OKR，通过这个案例，你是不是得到了一些启发呢?

第十四章 如何提高员工自驱力？

自下而上不是目的

我知道有很多企业导入 OKR 的原因，是因为它们听说 OKR 可以激发员工的自驱力。什么是自驱力呢？从名字上可以看出来，就是自己驱动自己去工作的动力。如果员工能够做到自己驱动自己工作，去达成目标，那当然是再好不过的事情了。可是 OKR 为什么可以激发员工的自驱力呢？有人说，是因为 OKR 采用了自下而上的目标制定方式，鼓励员工制定自己的 O 和 KR，这样就提高了员工的参与感和责任意识，毕竟相比别人要求自己做的事情，自己承诺要做的事情，会更积极地去推动，这也正是自驱力的来源。

我还曾经看到有人说，一家企业，如果没有开放、平等和自由的文化，就不可能成功地实施 OKR。因为，如果没有建立起这样的文化，就不可能真正激发员工的自驱力。所以，很多企业在导入 OKR 的时候，把精力都放在了这种文化氛围的营造上。例如，制定 OKR 的流程怎么走，各种会议怎么开，领导和下属怎么沟通，甚至某些表格怎么填写，等等，大家觉得，只要把这些形式都做到位了，OKR 就应该能成功了吧。事实上，这样做除了把员工搞得筋疲力尽、叫苦连天之外，根本起不到什么作用。

我在前面已经跟大家讲得很清楚了，真正决定 OKR 成败的是企业的战略。战略是整体方向，战略错了，方向就错了，OKR 再怎么做，也拿不到想要的结果。至于“自下而上”，这只是制定 OKR 的一种手段，采用这种手段的主要目的是培养员工的能力，启发员工的思维和创造性。自下而上不是必需的，也不是导入 OKR 的核心组成部分。

制定 OKR 从主体上来讲还是自上而下的。因为战略是从上往下传递的，下级的 OKR 要承接上级的 OKR。在考虑开展何种工作来承接上级 OKR 的时候，下级的确存在着发挥主观能动性的空间。但是，真实情况并不是一概而论的。实际上，在我这么多年的 OKR 实践中，发现企业真正要做到自下而上还是很有难度的。因为很多企业的员工习惯了只做例行性的工作，他们完全没有改进工作的意识，更别谈什么创造性和接受挑战了。这个时候，如果你非硬逼着他们制定 OKR，反而有可能引起他们的强烈反抗。所以，即便为了培养员工的能力，也要循序渐进，不要盲目地搞形式主义，否则只会适得其反。

很多时候，下属不仅在制定 OKR 的时候有困难，甚至在执行 OKR 的时候也有困难，所以，**上级不仅要协助下属制定 OKR，还要在下属执行 OKR 的时候继续提供支持和帮助。**总之，是否要自下而上，或者说从多大程度上采用自下而上取决于下属的能力状态。

我经常听别人引用任正非的话“要让听得见炮火的人来做决策”。这个方向是对的，但前提是，这个听得见炮火的人要有能力来做决策。特别是他需要对自己所负责的领域有专业性的见解，能够提出创造性的提案，这对于那些习惯了按部就班的员工来说恐怕并不是那么容易。大多数员工能做的“决策”，往往仅限于一些针对异常情况的灵活处置，想让他们提出创造性的、有挑战性的改进方案，还要符合战略聚焦的方向，恐怕没那么容易。

这个时候，领导者的定位是至关重要的。以前有很多领导习惯于自己卷起袖子亲自干，结果忙得不可开交，员工却闲得无事可干，这种做法自然是不对的。后来，又有些咨询机构大声疾呼：领导不能天天忙于救火，要学会授权，调动员工的积极性，让员工来干。这个时候，领导者又从一个救火者变成了一个旁观者，对现场越来越不了解，对员工的影响力也越来越弱。这就是从一个极端走到了另外一个极端。正确的做法是，领导者必须把自己定位为一名教练，把员工培养和训练成能够独立进行“自我管理”的人。员工要成长为能够“自我管理”的水准是需要一个过程的。

> 正确的过程好比我们养孩子。幼儿园和小学的时候，孩子天天跟父母在一起，吃喝拉撒，事无巨细，父母什么事情都要管；后来，孩子逐渐大一点了，读中学了，要住校了，于是孩子自己管理自己的生活起居，父母还是要过问一些他的学习情况，教他一些处理人际关系的方法；等到孩子读大学了，去到外省了，离父母更远了，学习和生活都管不了了，只是要继续

叮嘱他为人处世的原则；最后，孩子出来工作了，也就长成了大人，学会自立了，父母也就彻底解放了。不仅如此，孩子还会懂得孝敬父母，让父母幸福快乐地安享人生。我们需要看到，想要得到最终的“解放”，前期的付出是必不可少的，这与企业中人才培养的过程是完全一致的。

很多经营者相信，只要给员工更大的平台，员工就能快速成长。这个事情需要认真地考虑，不是所有人都适合用这样的方式来培养的，盲目地授权给员工，很多时候是一种冒险和不负责任，这种授权常常让企业变得更糟，员工也信心受挫。对于那些还没有达到自立要求的员工，他们需要的不是平台，而是扎扎实实的训练。

——摘录于杨春所著《当薪酬不再与绩效挂钩》

我经常看到社会上有人宣传所谓的经典管理哲学——“管理的最高境界就是不用管理”，倡导企业的老板要学会授权，学会当一名“看客”，这也切中了很多老板的心理需求和痛点，毕竟，谁不想轻轻松松地经营企业呢？然而，你只看到了“不用管理”四个字，却忽略了它前面的四个字——“最高境界”。没有前期的持续付出，没有把大量员工培养和训练为“自驱力”的人才，你凭什么可以直接到达“最高境界”呢？这就好比武侠小说里面讲到的“九阳神功”，本来应该从第一层逐级练到第九层，可是你非要越级，直接去练第九层，不走火入魔才怪。

乐趣和成就感

关于自驱力，还有一种说法：自驱力来源于 OKR 自下而上的自我承诺机制。意思是说这个 O 是我提出来的，KR 也是我自己制定的，这就代表着一种自我承诺，自己承诺要做的事情，自己就会主动去推动，这就是所谓的自驱力。我不否认，这种做法的确是激发自驱力的一种方式，但是这种方式并不能成为最核心、最主要的一种方式。原因很简单，这种做法对于让员工形成自驱力而言是远远不够的。员工更不会仅仅因为自己做出了一个承诺，就不顾一切地想要实现它。就算刚开始有这个想法，一旦遇到阻力和困难，就会打退堂鼓，开始找各种理由，甚至想要修订 OKR。

所以，真正能让员工产生自驱力的要素不是自下而上的自我承诺机制，而是来自别的方面，这个别的方面到底是什么呢？其实我在本书前面部分已经提过了，就是工作的乐趣和成就感。这才是让员工产生自驱力的主要源头。

我们先说乐趣从哪里来。我们前面讲过玩游戏，玩游戏是很有乐趣的，那工作能不能像玩游戏那样呢？答案是可以。以前我们考核 KPI 的时候，大家的关注点都在结果上，每天没完没了地开会，都是在问结果有没有完成，还差多少，下一步怎么办。这样工作怎么可能有乐趣呢？但是在 OKR 的管理模式下，我们的精力不是聚焦在结果上，而是聚焦在过程改进上，领导和下属一起研究讨论过程如何改进，遇到难题怎么解决，工作就变得有趣多了。我们在给客户做 OKR 项目咨询的时候，跟客户的员工一起讨论如何改进工作的具体细节，员工感叹："以前从来没有人跟我谈过这些东西。"内心充满了对 OKR 的好感和向往。

我们再说说成就感。这个依然跟玩游戏一样，游戏固然好玩，但是如果遇到一个大 Boss，你怎么打都打不过，你还想玩吗？恐怕也想要放弃了吧。所以，工作除了要有乐趣，还必须产生成就感。员工自己能力有限，很多时候还要依赖上级的指导和帮助，才能解决工作中的难题，提升自己的能力。因此，上级必须做好过程管理，而不是采用"放羊式"的管理方式。

我以前曾经指导过一家销售型企业，企业的销售人员曾经跟进过一些重要客户，但是这些客户一直没有跟他们合作，后来他们放弃了这些客户。在销售人员眼中，这些客户已经被证明是绝对不可能跟自己合作的。后来，我们导入了 OKR，通过聚焦这些具体客户并实施销售过程管控，经过多轮销售，最后这些客户全部签单了，你要知道当销售人员拿下这些客户的时候，内心是多么激动，他们一开始完全没有想到，连这么难啃的骨头都被自己拿下了。尽管这些客户一开始的签单金额并不大，但是这种成就感，不是靠金钱能够激励得了的。

通过 OKR 来做过程管理对于员工能力的成长帮助也非常大。在 KPI 的成果主义思维下，如果销售人员拿不下 A 客户，他就会去找 B 客户，但是他却不关心 A 客户为什么不买；而一旦他拿下了 A 客户，也不会去深究 A 客户为什么会买，他更关心的是“奖金终于有着落了”。如果换成 OKR 的思维，员工为了拿下 A 客户就会不断反思 A 客户为什么不买，卡在哪个点上，不断总结复盘，会逐渐总结出销售工作背后的客观规律，认知水平持续提高，快速成长为一名优秀的销售人员。

所以，我来总结一下，什么是自驱力。自驱力就是通过挑战改进课题而获得成功，因此产生乐趣和成就感，继而推动自己持续挑战的动力。这就好像玩游戏一样，通过不断挑战 Boss，不断过关升级，获得能力的提升，就会产生强烈的满足感和想要挑战更高难度改进课题的欲望，这就是自驱力。这种自驱力一旦培养出来，其战斗力是非常“恐怖”的。有自驱力的员工，有一种明显的特征：会推着上级向前走。他会给自己描绘理想状态，并做好相应的实施方案，他会主动找上级“推销”他的方案，向上级争取资源，尽最大努力推动理想状态的实现。这样的员工，不就是我们梦寐以求的员工吗？

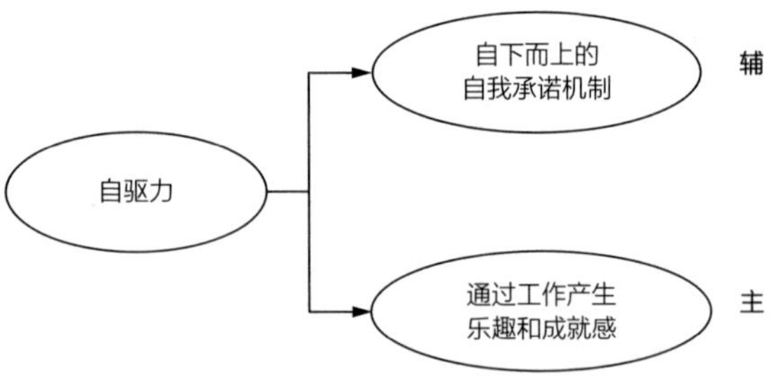

工作的奖励是工作

很多人想不明白一个问题：OKR 的考核不跟量化的指标直接挂钩，那还怎么激励员工的工作热情？其实，如果你有这种想法，说明你对 OKR 的本质理解得还是太浅。而且你对激励的原理也不太理解。早在 1959 年，美国心理学家和行为学家赫兹伯格就提出了双因素理论，明确指出薪酬是保健因素。保健因素主要是保健的功能，激励的功能较少。社会上流行的所谓“薪酬激励”的说法，其实是一种误传，正确的说法应该叫作“薪酬保健”。用钱来激励员工，激励的效果是非常弱的。

用钱来激励员工，无论花样如何翻新，无外乎两种模式：第一，给预期的钱；第二，给当下的钱。什么是“给预期的钱”呢？说得直白一点，就是给你设个 KPI，只要达成了，就给你钱。这种激励逻辑要成立，必须有一个前提，就是：员工认为达成这个 KPI 相对比较容易。如果员工认为达成这个 KPI 很难，这种激励模式就会被员工理解为“画饼”，立即产生消极的心理。而且，就算员工一开始认为这个 KPI 能够达成，经过一番努力，发现达成的难度很大，也会立刻泄气。所以，这种激励逻辑成立的时候，往往都是市场环境比较好的时候，这种时候也会给企业造成一种假象，感觉“激励很有效果”。一旦市场环境转差，这种激励逻辑立刻就会原形毕露，同时还会给企业带来巨大的负面冲击。

“给预期的钱”不能很好地激励员工，那“给当下的钱”呢？答案是更糟。加工资这种方式在当时会产生一定的激励作用，但是随着时间的推移，这种激励作用就会逐渐减弱，直至完全消失。而且这种激励方式是边际效用递减的，下一次再涨工资就必须涨得更多，否则员工就没感觉。是不是跟吸鸦片很像？

想要用钱来激励员工，除非员工得到的钱能“越来越多”，否则这个逻辑一定会被证伪。而在现实中，这个逻辑就正在不断地被证伪，而很多企业依然毫无反应，它们似乎下定了决心要在一条道上走到黑。你必须明白，我们制定薪酬制度的目的是从最大限度保持员工的积极性不下降，这是保健因素应该起到的作用，千万不要试图用薪酬去激励员工拿业绩。

索尼的创始人之一井深大曾经讲过一句话：**工作的奖励是工作**。这句话的意思很清楚，**如果一个员工工作出色，奖励他最好的办法就是安排他去挑战更高难度的工作**。无独有偶，稻盛和夫也曾经讲过，如果一个阿米巴的负责人把阿米巴经营得很好，公司不是通过给他高额提成来奖励他，而是会把他调往更大的阿米巴，让他承担更大的责任和挑战。你有没有发现，无论是 OKR 还是阿米巴经营，这些当下市场上流行的已经被证明成功的管理模式，不管是来自欧美的，还是来自日本的，都无一例外地要求你不要用结果来跟员工的收入直接挂钩，你认为这只是个巧合吗？

工作的乐趣和成就感才是真正的激励因素。当然，想要正确地使用保健因素和激励因素，并没有那么简单，这里面的信息量和逻辑还是很复杂的，需要进行大量的思考和实践才能彻底领悟。我是反复思考并实践了十多年，才彻底厘清了考核和激励的底层逻辑。如果你只是简单想一想，很容易被你所看到的一些表面现象带偏，比如认为员工只爱钱、只有钱才能激发员工的热情等，这些都是假象，会迷惑你的双眼。

我用一句话来做个总结：**不是用热情来推动行动，而是用行动来维持热情。**我们总想通过绩效考核或者是薪酬激励来让员工产生热情，从而推动员工去行动，去达成目标，结果不仅效果不佳，还造成一大堆问题。正确的思考方式恰恰是完全相反的，员工的行动一开始不是靠热情推动的，而是靠领导者身先士卒带动起来的。当员工通过不断地挑战和改进工作获得了成果，他们就体会到工作中的乐趣和成就感，也会因为能力成长而感到兴奋，员工的工作热情就会长期保持下来，企业也会充满朝气和活力。

第十五章
导入OKR失败的真因

绩效管理的 PDCA 循环

本书写到这里就快要结束了。**这本书想要给大家传递的一个重要观点就是：轻绩效考核（PE），重绩效管理（PM）**。但是，读者看到这里，可能脑子还是有点懵，说了那么多，到底什么是绩效管理呢？其实很简单，绩效管理的目的是什么呢？是提升绩效。所以，绩效管理就是为了提升绩效而进行的“一切有必要的活动”。那这个“一切有必要的活动”到底是些什么活动呢？其实我在本书中已经多次提到了，这些活动就是“PDCA 循环”。

跟大家简单介绍一下 PDCA 循环。P 就是 Plan（计划），D 就是 Do（实施），C 就是 Check（检查），A 就是 Action（处置）。戴明早期在日本大力推广 PDCA 循环，帮助日本企业和日本经济取得了巨大的成功，所以，PDCA 循环又被称为“戴明环”。同时，因为 PDCA 循环也是我们进行管理的基本流程，所以，PDCA 循环也被称为“管理循环”。

绩效管理的过程就是这个 PDCA 循环。首先是 P（计划），这里的计划指的是公司整体的计划，所谓公司整体的计划就是战略。年末明确下一年度的战略，通过 OKR 把它透明化，然后各部门、员工分别对齐公司的战略，制定出各自的 OKR。计划的过程就完成了。

接下来就要进入 D（实施）的环节，实施的过程中，企业要进行过程跟踪，否则就有可能出现实施不到位的情况。这种跟踪的频率至少要每周，可以通过周度跟进会的形式展开。如果发现 OKR 的实施进度有异常，就要及时采取行动，以确保实施到位。

然后就进入 C（检查）的环节，这里所指的检查，主要是对 OKR 的有效性进行验证。因为在 P 的环节，我们只是做了假设，在 C 的环节里要进行验证。这种验证可以在每月或每季度进行。OKR 可能有效，也可能无效。如果你发现 OKR 无效，那就要认真找出原因。

最后一步是 A（处置）。对于有效的 OKR，你继续实施就好了。对于无效的 OKR，那就要进行针对性的调整。

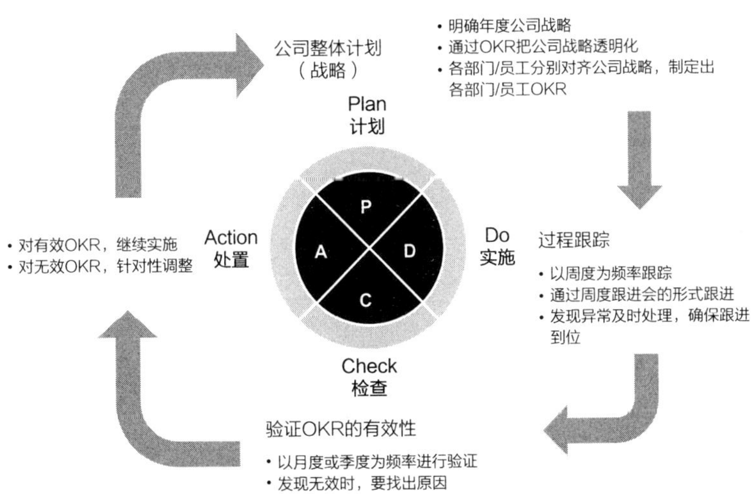

认真看清上面这个图。所谓绩效管理，其实就是对战略不断地假设–验证的过程。企业的业绩之所以能不断提高，是战略实施成功的结果。

OKR 只是把战略透明化、具体化的工具而已。如果企业的战略决策出现了问题，OKR 最后的实施结果一定不会符合你的预期。很多企业为了尽快导入 OKR，非常草率地制定了战略，这就好比是随便找了一张图纸就开始盖房子。你的图纸一开始就不对，最后盖出来的房子又怎么会让你满意呢？

还有些企业的想法是，先把 OKR 做起来，以后再慢慢调整。问题是你要调整和修正的东西是战略及其实现路径，而不是 OKR 的操作流程。OKR 的操作流程里面没有什么“乾坤”，你把时间和精力花在这上面是舍本逐末。我看到很多企业在导入 OKR 的时候，都在各种流程上折腾，好像只要按照这些流程不折不扣地走完一轮，OKR 就能做得似模似样了。问题是，这些企业还没有搞清楚导入 OKR 的目的到底是什么？是因为 KPI 不好用所以才导入 OKR 的，还是为了提高企业绩效？如果是为了提高企业绩效，折腾这些流程对提高绩效有多大的作用？

每一次都上新台阶

PDCA 循环有个重要的特点，就是：每一次循环都能上到一个新的台阶。

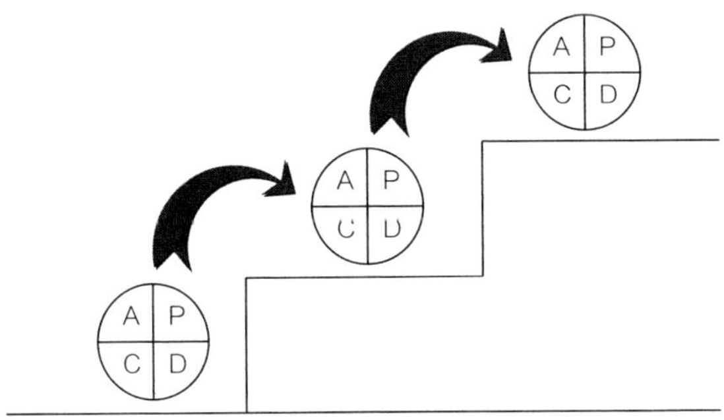

对于任何一家企业来说，不断地“上台阶”是不是很重要呢？问题是，你有没有想过，到底是什么在上台阶呢？是业绩在上台阶吗？比如前年的业绩是 5000 万元，去年的业绩是 6000 万元，今年的业绩是 7000 万元，这是在上台阶吗？很多人会说是。但是，如果这就算是上台阶的话，那你说明年业绩会不会又跌回 5000 万元？当然有可能，而且这种情况事实上已经在很多企业身上发生了。如果“业绩每年增长”就算是上台阶的话，那这种台阶上得也太不安稳了，因为随时有可能掉下来，这种台阶上去了又有多大的意义呢？所以，PDCA 循环让你上的那个台阶，绝对不是业绩，也不是某个 KPI，而是某种能力。只有能力上了台阶才不会轻易掉下来。能力对于个人来说就是某些专业领域的认知水平，而对于一家企业来说，能力就是指核心竞争力。**如果一家企业的核心竞争力不断地上台阶，那么这家企业的经营就能稳如磐石，进能攻城拔寨，退能对抗风险**，所以，一家企业，不能被业绩的增长冲昏了头脑，必须不断确认自己的核心竞争力是否在不断提高。

当企业实施 KPI 考核的时候，企业的核心竞争力理论上来讲是没有提高的。因为实施 KPI 考核的企业通常缺乏改进，改进是需要战略来做牵引的，企业有了明确的战略方向，才会在这个方向上投入资源，聚焦精力，才会在这个方向上产生持续的改进，从而建立起企业的核心竞争力。而实施 KPI 的企业一般不关心这些，所有人的眼睛都盯着结果，盯着业绩，只要业绩好了，大家就会开香槟、发奖金。企业里面甚至没有人知道业绩为什么会好，所有人都相信这是大家“努力”的结果，但其实只是“掩耳盗铃”罢了。

而实施 OKR 的企业，会完全按照 PDCA 循环来经营企业。在年初的时候建立清晰的战略假设，然后通过跟踪实施过程来反复验证，不断修正。这样，当企业取得业绩的时候，就会清楚地知道哪些是自己“努力”带来的，哪些是“风”吹过来的，这有利于你清晰地了解企业的现状，持续完善企业的战略。举个例子，我在季度初的时候决定减肥，制定的改进计划（战略）是：每天坚持跑步 1 个小时。结果到了季度末的时候，我发现由于我的懒惰，计划基本没有实施，但我的体重居然减轻了 20 斤。这个时候，你认为应该庆祝吗？恐怕你要赶快去检查身体了吧？所以，业绩好不代表“战略没问题”，更不代表不需要做绩效管理，不需要做改进。我知道有些企业自认为“业绩一直在增长”，所以它们导入 OKR 的理由是想用 OKR 来区分员工的绩效。我想说的是，以这种思维导入 OKR 是一定会失败的。首先，不能刻意区分员工的绩效，这样只会制造矛盾；其次，所谓“业绩一直在增长”，并不意味着“核心竞争力”一直在增长，所以这种业绩增长并不是必然的，而是受益于外部市场的景气的，一旦市场不景气，这些企业的业绩就会立刻跳水。所以，为什么不要盯着结果来经营，因为结果有时会麻痹人的思想，让人飘飘然，产生幻觉。就好像股市大牛的时候，连菜市场大妈都认为自己是股神，她们从来没有想过，自己可能连在这个市场上生存的基本能力都不具备，等待她们的将是市场崩塌之后的“腥风血雨”。

希望大家务必明白：企业导入 OKR 的唯一理由是推动落实企业战略，强化员工专业能力和企业核心竞争力。不能是别的理由，否则你都有可能误入歧途。

大家还可以看到，绩效管理的 PDCA 循环是依靠过程管理来实现的，实际上就是通过组织的力量来保证结果。这个跟 KPI 考核有本质的区别。KPI 考核的价值观是成果主义，核心逻辑是通过物质利益引导员工自己努力达成目标，缺乏有效的过程管理，靠的是员工的承诺。可是员工的承诺其实是没有多大价值的，如果员工缺乏能力，再重的承诺也无济于事。这样做就等于把企业的命运交给员工，那些真正有追求的企业绝不会这么做。我看到很多实施 KPI 考核的企业，每年制定完 KPI 之后都要让员工签承诺书，甚至立军令状，依赖这样的方式来保证结果，说实话，这样的经营不是形同儿戏吗？还有人曾经问我，在制定 KR 的时候，需不需要分成承诺型和挑战型两种？我的意见是完全没有必要。首先，对结果进行承诺的意义并不大。我敢承诺，你敢信吗？ OKR 是通过过程管理来确保结果的，OKR 本来就是有挑战性的，需要员工尽全力去实现，只要员工尽了全力，那么结果是多少，我们都要接受。这跟你是否承诺过没有关系。可为什么会有人提出这样的想法呢？说白了，还是绩效考核的思维在作怪，总想去找“背锅侠”，这是一条不归路啊。

说到这里，大家不妨仔细想想，如果说绩效管理就是 PDCA 循环的话，那么绩效考核在这个循环中的哪个位置呢？很多人会脱口而出，认为是在 C 这个环节，因为 Check 从中文的角度来看就是“检查”，“检查”和“考核”在意思上是最贴近的。但是，PDCA 循环里面这个“检查”的含义，其实是“验证”的意思，它跟“考核”完全不是一个意思。所以，我非常确定地告诉大家，“考核”并不是 C。那“考核”到底是在哪一个环节呢？其实，你只要理解了考核的目的，就不难知道答案。考核的目的并不是要让员工对结果承担责任，而是要告诉员工“什么才是最重要的工作”。怎么理解呢？我来给大家举个例子。比如以前我在本田工作的时候，我们每个季度考核一次，考核分为 ABCDE 五个等级。如果我只是满足于做例行的工作，我的考核等级最多就是 C（合格），不可能是 A（优秀）和 B（良好）。如果我想拿到 A 或 B，就要尽可能多地去做改进性工作，也就是罗列在 OKR 中的工作。所以，考核的目的是提醒我“改进”才是我要重点努力的方向，不要习惯性地待在舒适区里。大家明白了吧，考核的目的是推动我去执行 OKR 的，所以，考核是在 PDCA 循环的 D 这个环节里的。D 的意思是“实施”，并不是“考核”，考核只是隐藏在 D 这个环节里面。说得再直白一点，考核只是 D 这个环节里可以选择的一个手段。考核的存在只是为了促进“实施”的，不是必选项。在绩效管理的 PDCA 循环里，就没有“考核”的位置。也就是说，即便没有绩效考核，这个循环也照样成立，是个完整的闭环。这再次说明，企业想要持续提高业绩，起决定性作用的是“绩效管理”，而不是“绩效考核”。

不破不立

我来说说为什么现在有很多企业导入 OKR 会失败。最常见的状态就是做着做着就又回到了 KPI 的模式，或者说形式上是 OKR，但是骨子里还是 KPI。我前面跟大家讲过，OKR 和 KPI 的真正区别不在形式上，而是在思想上，在价值观上，如果你还是成果主义的思维，那无论怎样实施 OKR 你都做不起来。我也看到很多人说“OKR 与 KPI 不是对立的，是可以共存的”，其实这样讲是一种取巧的思维，不愿意否定过去，想当“骑墙派”，这些话说出来容易，做起来实际上是行不通的。所谓“不破不立”，想要引入一种新的思想、新的价值观，如果不能彻底否定旧的思想和旧的价值观，就会时时被牵绊、被束缚，想要走新的路，却又被旧的想法拉回到老路上去，这样是永远不可能跳出原来的框框的。

我记得在热播电视剧《觉醒年代》中有这么一段场景，毛泽东向陈独秀和李大钊问询关于新文化运动的疑惑。毛泽东问：“二位先生推广新文化，为什么要用这么大的精力去抨击旧文化呢？”陈独秀回答：“因为旧文化压制和阻碍了科学和民主的生成，更主要的是有些人要把它奉为救国治国的指导思想，你不打倒它，新的理论就无法立足，所谓不破不立，就是这个道理。”

OKR 是立足于过程改进的思维，而 KPI 是成果主义的思维，这两种思维是直接冲突的。OKR 认为实现理想状态（战略）是最重要的，业绩是战略实现之后的自然结果，而 KPI 认为结果（业绩）本身才是最重要的，战略的实现与否反而不是最受关注的（也因此很多企业根本就没有战略）。所以它们在价值观上也是完全不同的。因此，如果你真的想要导入 OKR，就必须革 KPI 的命，革成果主义的命，这是不能回避的，否则你永远也体会不到 OKR 的价值。

戴明曾经在《戴明的新经济观》中提到“美国企管教育的可怕故事”：

> 有一位学生告诉我，他在华盛顿一家著名大学的企管学院选修一门课，该课程教人如何使用目标管理与结果导向的管理，以及如何将员工排等级。他知道这一切都是错的，但是为了不被批评，他闭口不说。可悲的是，他的班上有 8 位来自中国的学生以及其他外国学生，却学习了这些错误的内容。他们回国后会告诉他人留学所学到的美国式管理方法。他们怎么会知道所学到的知识，多半是错误的？
>
> ——摘录于（美）爱德华・戴明所著《戴明的新经济观》

看到了吧，管理大师早就已经说得很清楚了。只是我们陷得太深，不能自拔。

当然，我们反对 KPI，不是说反对 KPI 的一切，只是反对把 KPI 作为一种绩效考核的工具。如果把 KPI 作为“体质参数”来进行管理，是完全可以的。同时，我们要革命，也要循序渐进，革命不意味着鲁莽蛮干，搞“一刀切”，搞休克疗法，这是另外一回事。

OKR 三步走

如果企业想正确地导入 OKR，可以分成三步走：

第一步，先做思想层面的打通。你应该看到，从 KPI 到 OKR 是一次价值观的革命，所以不要过快地切入到操作层面，欲速则不达，心急吃不了热豆腐。而且，既然是价值观的革命，就意味着必然是从上到下的过程，而不可能是从下至上，所以基层员工可以不用那么快介入进来。

我们可以先在中高层员工中实现思想的打通和价值观的共通。如果你认同本书中所讲的内容，可以将本书作为公司内部的学习教材使用。本书虽然字数不多，但是信息量巨大，而且与很多企业之前的所做所想存在颠覆性的差异，因此，我认为仅仅阅读一遍很可能是不够的，也许需要 2～3 遍。与此同时，也可以在公司内部组织中高管的讨论会，大家可以就书里谈到的内容进行研讨，尽可能消化所有不理解的和存在疑虑的内容。我的另一本书《当薪酬不再与绩效挂钩》也可以作为重要的补充阅读材料，相信会对大家有所帮助。

我们常说“知易行难”，其实真实情况恰恰相反，应该是“知难行易”。我们之所以感觉“知易行难”，其实是我们常常自以为了解了一切，然而我们所“知”的只是表面，并非“真知”。所以当我们去操作的时候就会遇到各种困难和阻碍，然后信心就会被打击，使我们得出错误的结论，例如“OKR 与 KPI 也没多大差别”或者是“OKR 不适合我们企业”之类的判断。相信大家读完本书，会有一种强烈的认知：想要读懂 OKR，确实没有那么简单。

第二步，大家可以尝试梳理企业的战略，并将战略转化为 OKR，同时将 PDCA 循环运转起来。通过不断的过程跟进和复盘，不断提高中高层员工的专业水平，提高企业战略的合理性。战略梳理完成后，OKR 可以只落实到公司和部门层面，不要落到员工层面。也就是说，只制定公司 OKR 和部门 OKR，先不要制定员工 OKR。

有些企业采取的做法是拿一个部门来做试点。我不是特别支持这样的做法。原因有三点：

第一，拿一个部门来做试点，意味着首先要制定清晰的部门目标，否则部门 OKR 和部门内其他员工的 OKR 就没有制定的依据。但是部门目标来源于公司战略，且服务于公司战略，很多企业连公司战略还不清晰，在这种情况下如何让部门目标清晰呢？这本身就是一个挑战。所以我见到很多企业创建了一个“部门使命”的概念，直接从“部门使命”中提炼部门 OKR 和员工 OKR。先不说“部门使命”的存在是否合理，仅仅从“使命”到 OKR 就过于跳跃，跨度太大。“使命”是长期不变的，而 OKR 是要经常改变的（通常每个季度变一次），从“使命”中提炼 OKR，这样的 OKR 就会变得和 KPI 一样，成为一个僵化的东西。

第二，拿一个部门来试点，意味着通常会让部门内所有员工开始制定 OKR。但是员工这个层面已经习惯了 KPI 的思维方式，一下子要转变，很容易产生不满和对抗情绪。更何况，一个部门采用 OKR，其他部门还是 KPI，部门之间采用完全不同的价值观和操作模式，在绩效考核和奖金分配的口径上也存在较大的差异，还需要说服员工接受这种差异。普通员工工作阅历较少，思维和想法很简单，他们往往看不长远，想要说服他们接受新变化的难度很大。除非试点部门的领导有非凡的领导力，否则恐怕难以控制局面。

第三，拿一个部门来试点，意味着公司的经营层和管理层参与不足，而从 KPI 到 OKR 的改变是一次价值观的革命，必须是自上而下的。因此，即使在试点部门取得一定的效果，对公司整体而言也帮助不大。因为 OKR 从来就不是一个"衡量员工绩效的工具"，而是"战略管理和战略落地的工具"。

第三步，也是最后一步，在前两步充分实施的前提下，企业的战略梳理已经非常清晰，过程管理和 PDCA 循环也都运转自如，在这样的前提下可以逐步在员工层面实施 OKR。对于大多数企业来说，前两步所需的时间应该是 2～3 年。可能有些人觉得这个过程太漫长，但是我认为如果前两步实施到位，企业发生的变化已经是非常惊人的了。你要相信，**真正需要改变的永远都是领导，而不是员工**。经营层和管理层通过实践 OKR 厘清了战略，掌握了 PDCA 循环的运转规律，才能有效地带动和指导员工。自己没有的东西，就给不了别人。自己不会的事情，就教不了别人。自己没有想明白的道理，更影响不了别人。

所有员工都能正确地实施 OKR，这种景象想一想都觉得很美，但你必须按照客观规律来办事，不能急于求成。如果你不把 OKR 作为衡量员工绩效的工具，那么这种景象对你来说其实也并不是那么紧要，你完全不必执着于把 OKR 尽快推到员工那个层面上去。另外你要明白，虽然我们不在员工层面推进 OKR，但不代表员工不参与到改进的工作中来，部门的管理者可以把自己的 OKR 分解为一些更加具体的行动计划，分配给员工来实施。总之，你无须担心员工会把自己置身事外。

能够彻底实施 OKR 的企业，最后的变化一定会体现在企业文化上。所谓企业文化，并不是一个空洞的概念，也不是我们很多人心目中所想的“团建”。企业文化可以用以下公式来定义：

企业文化 = 共通的价值观 × 共通的思维方式 × 共通的行动方式

共通的价值观：不是成果主义，而是实力主义。**实施 OKR 的企业，关注的焦点是员工的专业能力是否提升，企业的核心竞争力是否提升，而业绩成果只是能力提升之后的自然产物。**

共通的思维方式：实施 OKR 的企业，通过过程改进的方式影响绩效，而不是试图通过给员工“打鸡血”的方式来改变绩效。过程改进通过 PDCA 循环来实现，通过不断的“假设 – 验证”持续优化过程。

共通的行动方式：正确地运用 OKR 工具将战略透明化，对齐战略，对 OKR 实施跟进复盘、定性考核等。

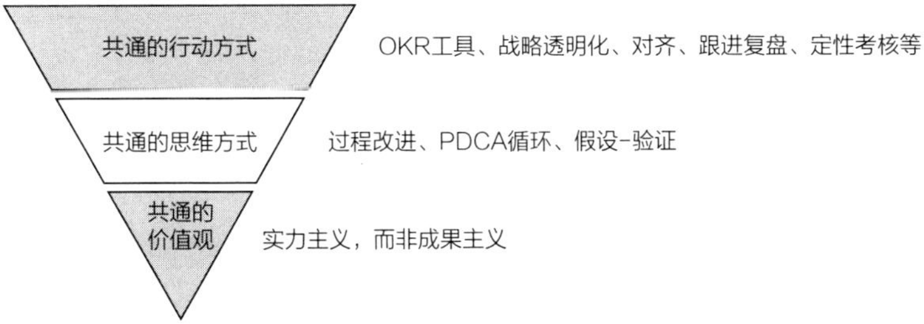

在这个冰山模型中，越上层的内容越浮于表面，越容易看见，而越下层的内容越接近本质，越不容易被我们发现。然而，想要成功实施 OKR，越是下层的内容越起到决定性的作用。希望看完本书之后，有更多的人能够从本质上认识 OKR，认识绩效管理。

后记

在本书的最后，我想跟企业的经营者和HR们留下一些有价值的话。

以前我在线下上课的时候，有学员曾经问我一个问题。她说她们企业原来对员工没有做绩效考核，结果很多员工上班的时候“摸鱼”[①]。后来，她们制定了绩效考核制度，开始给员工定目标、做考核，结果员工不干，全都离职了。她真的不知道该怎么办才好。我想这种情况应该不只存在于她这家企业，大家想想，问题出在哪里呢？

首先，员工上班为什么会“摸鱼”呢？很简单，员工没有目标。有了目标，才能牵引员工朝着目标努力，这本来就是目标管理的价值和意义所在。但是为什么制定了目标之后，员工又要走呢？原因也很简单，因为你要用目标来考核他，想让他自己想办法达成目标。目标没有让他产生想要挑战的欲望，反而变成了压力和恐惧，这就是他要走的原因。是不是很合理？所以，你不能寄希望于用“绩效考核”的方式来达成目标，应该把过程管理做起来：除了给他设定目标，你还要跟他一起探讨达成目标的方法，然后定期跟踪他实施这些方法的进度，在他遇到困难

① 网络流行语，指偷懒，不务正业，或在集体活动中不出力

的时候及时给予支持和帮助。如果他彻底实施了这些方法，但目标还是没有达成，要跟他一起总结复盘，研究分析这些方法的有效性，看是否能找到更好的方法。也就是说，你要帮助他把 PDCA 循环给转起来。如果你这么去做，那员工一定不会走，他会爱上在这里的工作。至于考核，你对他完成目标的过程如此了解，考核还会是个困难吗？你只要抽空给他评个分就好了。绩效考核就这么悄无声息地顺手完成了。

在企业中，如果真的想把人力资源管理工作做得出色，你要深刻地认识到，人力资源管理工作的核心目的是“成就人”，而不是“评价人”“区分人”和“处置人”。只有“成就人”才是真正的“以人为本”。想要“成就人”，就必须给员工创造“改进”的机会。一个企业没有战略，就没有明确的改进方向，员工就看不到改进的机会，员工的成长就会趋于停滞，各种“人”的问题就会随之而来。

很多企业，自认为业绩不错，不是想着如何不断优化战略，提高企业的核心竞争力，而是天天想着如何“分钱”，以为把钱分好了，员工就会满意。殊不知，钱是永远都分不好的。而且，要分钱，就要把人进行各种刻意的评估和区分，无论你的评估技巧有多么高超，员工心里会怎么想？恐怕早已是惶惶不安了吧。他还能把心思放在工作上吗？他可能天天都在关心你的评估结果是什么，如果不能符合他的预期，就会非常沮丧甚至与你争辩。你看，你越是刻意地去做这些事情，越是会引导员工把焦点放在这些保健因素上，企业的人力资源管理就会陷入泥潭，不能自拔。

如果我问大家：人力资源管理对企业来说是否很重要？我估计大家

都会毫不犹豫地回答：是。但是在现实中，企业的人力资源部所做的工作真的很重要吗？如果拿掉人力资源部或大幅削减人力资源部的人员，会对企业的经营业绩产生重大不利影响吗？从现实情况来看，恐怕没那么大影响。这充分说明了人力资源部所发挥的作用其实并没有那么大。

我在工作的早期也立志要成为一名人力资源管理领域的专家。但是通过反复实践，我渐渐发现，仅仅是站在人力资源管理这个角度很难彻底解决企业的问题。人力资源管理不能整天跟指标、权重、计算公式打交道，仅靠这些东西无论如何也不可能彻底解决人的问题。所以，我决定跳出人力资源管理这个框框，从更高的层面来研究人力资源管理。我研究了大量管理学经典著作和世界500强的经营案例，同时经过反复实践，发现表面上发生在员工身上的问题，从根源上来讲并不在人力资源管理本身，而在企业的战略上。因为战略缺失或不清晰，员工就缺乏明确的改进方向，激励因素就很难调动起来，所谓“员工激励”就是一句空话。所以，但凡这样的企业，人力资源管理问题都很突出。而这些企业以为问题都出在“人”身上，又会投入更大的资源和精力去解决这些问题，试图在考核、薪酬、股权以及各种激励制度上寻求解决方案，殊不知这样做的结果只会引导员工更加关注保健因素，抱怨和不满之声不绝于耳。**用保健因素来做激励，完全是南辕北辙，永远也找不到正确的出路。**

因此，我们必须清楚，人力资源管理危机本质上是战略危机，必须从战略的角度来看待人力资源管理。而人力资源管理想要真正成为影响企业经营业绩的关键要素，必须从绩效管理（PM）这里破局。企业可以不要绩效考核（PE），但绝不能没有绩效管理（PM）。只要做好了绩效管理，“业绩”和“人”的问题就能同时得到圆满的解决。

曾经有人问我：杨老师，经常听你讲“绩效管理”，但是很少听你讲“薪酬管理”，这是什么原因呢？在很多人看来，绩效管理和薪酬管理都是人力资源管理的一部分，是同一个层面的问题。但是我要告诉你，这个理解是有误的。绩效管理与薪酬管理完全不是同一个层面的概念。薪酬管理是针对员工薪酬的管理，而绩效管理是针对企业绩效的管理，企业绩效与员工绩效是完全不同的概念，脱离企业绩效来谈员工绩效是没有意义的，所以“绩效管理”是为企业战略服务的，在本质上等同于“战略管理”，因此绩效管理也常常被称为“战略绩效管理”，在很多企业中是由战略管理部、企业管理部或经营管理部来总体负责。“薪酬管理”则属于纯粹的人力资源管理的概念，与之相同层面的概念应该是“绩效考核”。但是，无论是薪酬管理还是绩效考核，都属于保健因素，为了避免引导员工将关注焦点放在保健因素上，我主张尽可能简化薪酬管理和绩效考核，特别是广大中小企业，更加没有必要在这里投入过多的精力。绩效管理是企业运营的主线，它串起了企业所有的业务模块和职能模块，帮助企业聚焦精力和资源，我们应该学会掌握并运用好 OKR 这个有效的工具。

我将我的实践成果和理论总结毫无保留地写在了这本书里。这本书不仅是 OKR 的学习指南，也是对战略性绩效管理的系统阐述，希望能对众多正在迷茫中摸索的企业甚至整个社会做出一点贡献。